ルアンパバーンの旧王宮博物館とメコン川

目次▶北ラオスから雲南へ

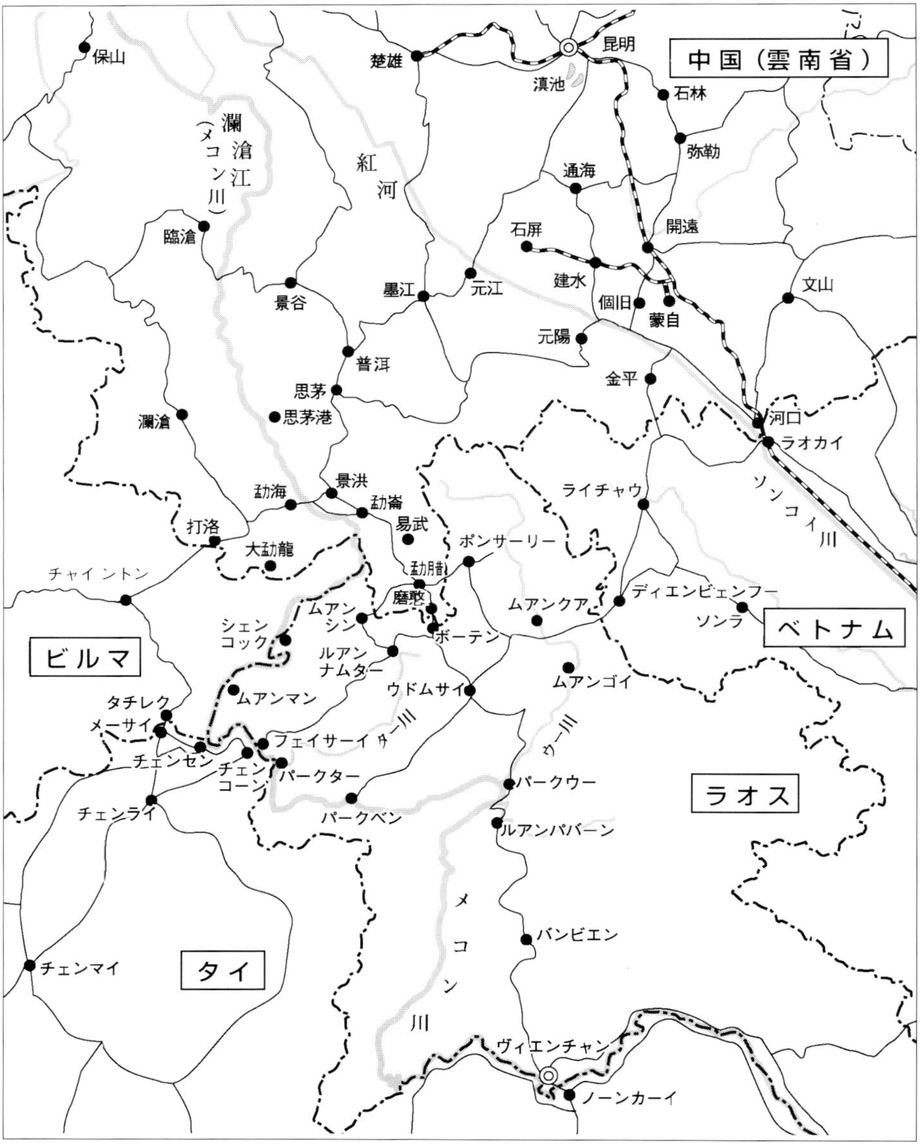

中国（雲南省）
保山
楚雄
昆明
滇池
石林
弥勒
瀾滄江（メコン川）
紅河
通海
開遠
石屏
建水
個旧
蒙自
文山
臨滄
景谷
墨江
元江
元陽
普洱
金平
思茅
思茅港
瀾滄
河口
ラオカイ
景洪
勐海
勐崙
易武
打洛
大勐龍
ライチャウ
ソンコイ川
ポンサーリー
勐腊
磨憨
チャイントン
ムアンシン
ボーテン
ムアンクア
ディエンビェンフー
ソンラ
ベトナム
シェンコック
ルアンナムター
ビルマ
ウドムサイ
ムアンゴイ
ムアンマン
タチレク
メーサイ
フェイサーイ
ター川
ウー川
チェンセン
チェンコーン
パークター
パークウー
ラオス
パークベン
チェンライ
ルアンパバーン
メコン川
バンビエン
チェンマイ
タイ
ヴィエンチャン
ノーンカーイ

まえがき「地続きの旅・国境を越える旅」

陸路で国境を越える旅はいつも心が弾む。空路では得られない旅の達成感や充実感といったような思いが湧いてくる。楽しいのだ。

それともうひとつ、「国境」の持つ強い引力だ。国境付近まで行くと、こっそりあちら側を覗いてみたくなる。ただし、そこを越えても線を引いたように違った暮らしがあるとは思わない。そうではなく国境のあちら側に行ってみて、「当然だよ、おんなじさ」と実感することに興味が湧く。

おなじ文化のもとに暮らしていた人たちの土地を、西欧人の都合で線引きしたものが国境なのだから、そんな線で囲われた国単位ではない、地続きのアジアを見たいという気持ちがあるので国境を越えるのが楽しいのだ。

つい数年前、21世紀が視野に入ったころから、外国人旅行者にはガードの硬かった社会主義国のベトナムが、カンボジアが、そしてラオスが競ったように観光に力を入れだした。その結果、いままでは近寄れなかった奥地の国境周辺にも自由に行けるようになったし、そこからさらに国境を越えて隣の国へ抜け出ることも可能になった。ついに東南アジアの旅が地続きで楽しめるようになったのだ。

そんななかでもこの本で取りあげた南雲南と北ラオスの旅は、国境が開かれてまだ間もないので新鮮な旅が楽しめる。そして縁がなさそうに見えるこの二つの土地の人々がおなじ文化を共有していること、つまり南雲南は東南アジアだということも、この旅を通じて実感できる。

樋口英夫

地図の凡例

- G ゲストハウス
- H ホテル
- R レストラン
- S 商店
- $ 両替・銀行
- P 駐車場
- 卍 寺院
- 郵便局
- バスターミナル
- 船着き場
- i ツーリストオフィス
- 博物館
- 映画館
- モスク

フェイサーイ

フェイサーイのイミグレーションと免税店

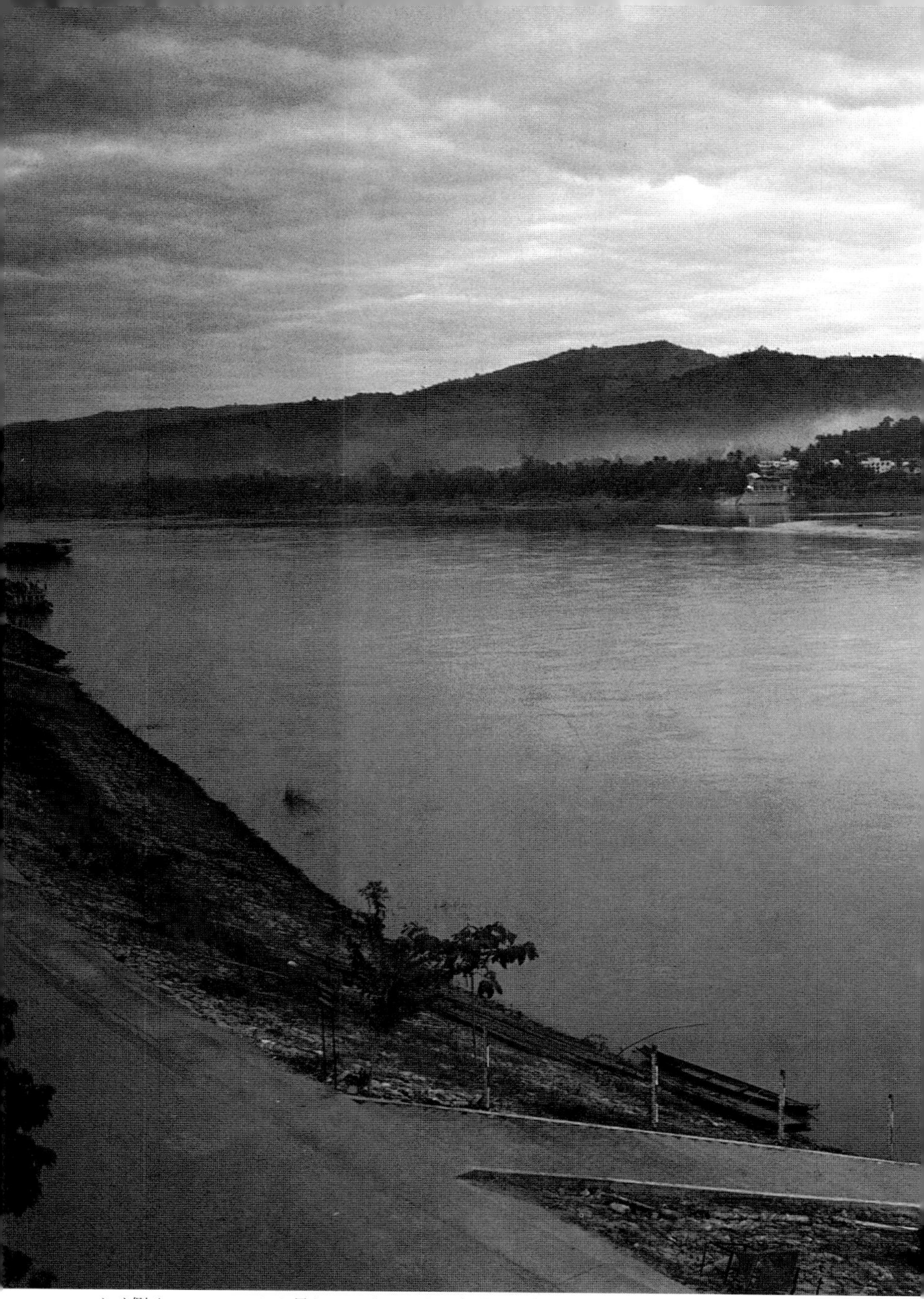

タイ側チェンコーンから見たフェイサーイの夜明け。音もなくゆったりと流れる乾季のメコン川。この流れを下ってラオス、雲南の旅が始まる。

メコン川に沿って長く伸びたフェイサーイの町は、旅行者のための宿屋や食堂が建ち並び、インドシナを陸路で旅するときの基点になっている。

フェイサーイ

フェイサーイは、メコンの船旅のスタート地点として、各国のバックパッカーでいつもにぎわっている。メコンを挟んで国境を接するのは、タイのチェンコーン。チェンコーンのイミグレ(出入国管理事務所)のそばにある船着き場には「GATE TO INDO-CHINA」と書いた大きな門があり、この門をくぐって渡し船に乗ると、所要時間1分半足らずでメコンを横断し、フェイサーイに着く。

船を降りるとすぐ前がラオスのイミグレ。ここから20mほどの坂道を登ると、ホテルや食堂、土産物屋が建ち並ぶ大通りが南北に走っている。町の背後の丘にメコンを見下ろす仏教寺院ワット・マニラートがあり、ここ以外に観光するようなものは町にない。

スピードボートの乗り場は2カ所。南側はメコンの下り、北側はメコンの上り専用になっている。スローボートの乗り場は1カ所で、外国人は下りのみ乗船できる。

フェイサーイの人々は、日用雑貨や食料品の買い出しに渡し船でチェ

フェイサーイの背後は山岳地帯で、険しい陸路しかない。こうした地理的条件が昔から対岸のチェンコーンとのつながりを深めてきた。食堂のテレビはいつもタイの番組になっている。

ンコーンへ行く。急病人が出たときも、タイ側に連れて行くという。これまでメコン川は国境として、フェイサーイとチェンコーンを分断する役割しかなかったが、「チンタナカン・マイ（新思想）」や「ラボップ・マイ（新制度）」を導入したラオス政府の変化によって、いまでは両者を密接に結び付ける水上の道となっている。

その象徴的な出来事として、ソンクラーンの日には国境を開放してお互いに自由に訪問し合い、共通の新年を祝うことが始まった。この日はまた、メコン川を舞台に友好のボートレースも開催される。

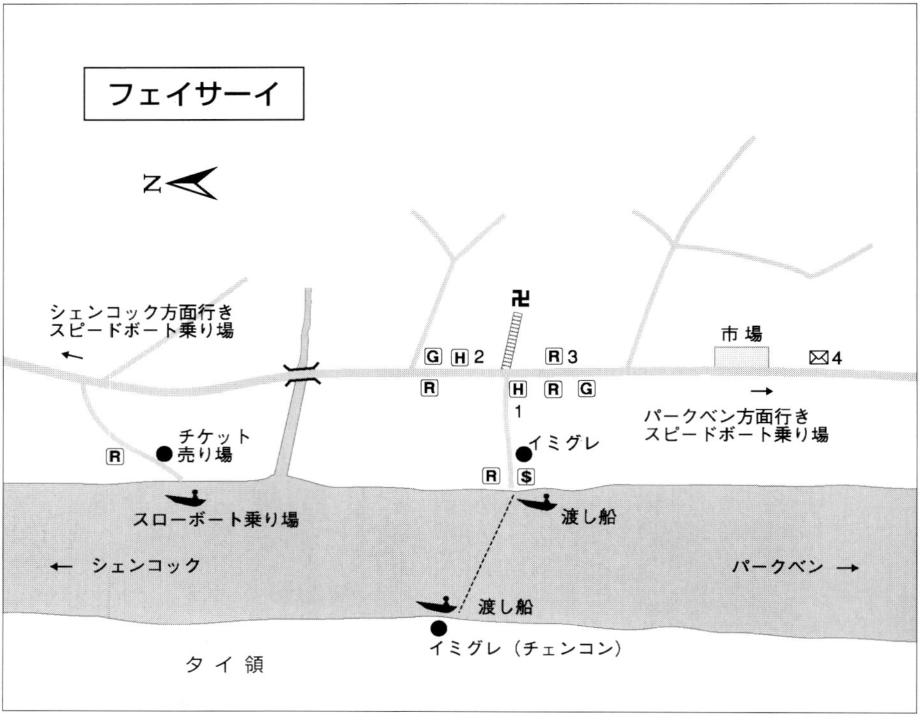

H1Manilat Hotel 200～400バーツ　H2Thaveesinh Hotel 100～150バーツ　R3しもたや風レストラン　⊠4プリペイド式カードが使える国際電話ボックス

渡し船

チェンコーン———フェイサーイ　乗船時間1分半(8:00～18:00のみ運行)　料金20バーツ

スローボート

フェイサーイ———パークベン　6～7時間(180km)　10:30頃出発
225バーツ(乗り合い)　6000バーツ(チャーター)

ルアンパバーン　途中パークベンで1泊して2日間(307km)
450バーツ(乗り合い)　1万バーツ(チャーター)

スピードボート

フェイサーイ———パークベン　3時間　450バーツ(乗り合い)　2500バーツ(チャーター)

ルアンパバーン　6時間　800バーツ(乗り合い)

ムアンマン　1時間半 1500バーツ(チャーター)

シェンコック　4時間　600バーツ(乗り合い)　3000バーツ(チャーター)

＊スローボートは日曜日運休。

＊スローボート、スピードボートは乗客がある程度集まるまで出発しないが、急ぐならチャーターできる。

＊スローボート、スピードボート、ともに途中のパークウーで止まるが、ここからルアンナムターまでウー川を利用して行くこともできる（ルアンナムターの章を参照）。

ソンテオ（乗り合いトラック）

フェイサーイ———ムアンマン　3～4時間　50バーツ

チェンコーンのイミグレの前には「インドシナへの入り口」と書かれた大きなゲートが立っている。ここから渡し船でメコンを渡りフェイサーイに向かう。

メコンの船旅

メコン川の船旅をするには、スピードボートとスローボートが利用できるが、どちらがいいとは一概に決めにくい。たとえばフェイサーイ―パークベン間を、スピードボートなら３時間で行くが、スローボートなら６時間もかかってしまう。料金はスピードボートが450バーツ、スローボートは225バーツ。ただしスピードボートがパークベンにいくら早く着いても、この日のうちにウドムサイまで行くことはできない。バスは朝早く出発してしまっているので翌朝までパークベンに留まることになり、結局夕方到着したスローボートの乗客とおなじことになる。

乗り心地も両者には一長一短がある。スピードボートはとにかく飛ばす。風圧で頬の肉を後ろに引きつらせたままほとんど身じろぎもできず、じっと座っていなければならない。まえに遮るものがないので視界が広くていいが、ジェットコースターに乗っているような状態では、気軽に写真をとるのも難しい。

その点スローボートはゆっくり走るので気は楽なのだが、ほとんど毎

パークベンに向かうスローボート。乗客たちの荷物で屋根がいっぱいになると、船に水が入るほど深く沈んでしまう。

日外国人旅行者で満席になり、船内は身動きできないほどぎゅう詰めになる。船内にトイレはあるが、立ち上がってたどり着くのが大変だ。船外の風景も、前に座った乗客たちの体がじゃまになり、思ったほどよくは見えない。乗客が少なければ、気持ちの良い船旅になるのだが。

【フェイサーイ——パークベン】
スピードボートもスローボートも前日に乗り場まで行って、値段や出発時間を確認した方がいい。フェイサーイの街からスローボート乗り場まで、トゥクトゥク(三輪タクシー)で10バーツ。スピードボートは地元の人の日常の足として使われているので、同乗者は比較的簡単に集まる。５、６人で出発するので、スピードボートを安く利用するなら、チャーターしないでしばらく待つといい。チャーターするなら2500バーツ、その料金で途中の少数民族の村(たとえばモンの村バーンラスンなど)にも立ち寄ってもらうことも可能だ。
　スローボートは日曜を除く毎日運行されるが、出発時間は10時半から

パークベン行きスローボートは日曜を除き毎日運行しているが、船内はいつもバックパッカーでいっぱいで身動き取れない状態になっている。

パークベンに向かうスピードボート。水面を飛び跳ねるように飛ばすスピードボートは、まるでジェットコースターに乗っているようだ。

11時。チケットは8時から売りはじめる。船着き場の入り口にある市場や川に面した食堂で、果物やローストダックやカオニャオ（蒸したもち米）を売っている。

10時50分、乗客が50人ぐらいになって船は動き出した。一番乗り心地がいいのは、運転手の後ろの座敷状になった席。船尾側に座るとエンジン音と排気臭が強烈だ。

フェイサーイから1時間半でパークターに到着。陸に上がり30分ほど休憩して出発。ときおりスピードボートがけたたましい音を残してすれ違ったりすると、全員がそっちに顔を向けるが、外の風景は前に座る人間がじゃまになってほとんど見えない。

メコンの流れはけっして単調ではない。白く波が立っている瀬、ウズを巻いている場所、支流が合流して流れが速くなっている場所、岩礁が露出している場所、広くて穏やかに流れている場所もある。パークベンに近づくと両側の山の斜面が険しくなってくる。

5時05分、パークベンに到着。

トヨタDOHC1600ccエンジンを備えたスピードボートはタイ製で、エンジンに直結した長いシャフトとスクリューが付いていて、エンジンごと動かして舵を取る。

【シェンコック――ムアンマン】
この区間はスピードボートのみ。シェンコックからムアンマンへのスピードボートは、出発時間がまったく計算できない。早朝にボート乗り場に行っても、人数が集まらないという理由で午後まで待たされることがよくある。シェンコックのスピードボートがムアンマンまで行くと、戻ってくるときに乗客を拾えない場合があるので、積極的に行きたがらないようだ。たいていは、午後になってフェイサーイやムアンマンから到着したスピードボートに乗ることになる。
　右岸はずっとミャンマー領土が続く。所要時間は２時間半〜３時間。シェンコックからフェイサーイまでの料金は1人600バーツ(乗り合い)。

【ムアンマン――フェイサーイ】
スピードボート乗り場には、行き先別の料金表があり、フェイサーイまでは船１艘1500バーツと書いてある。同乗者が集まるのを待ちきれなければ、1500バーツを支払えば出発してくれる。所要時間は約１時間半(ム

フェイサーイからパークベンに到着したスローボート。大量のザックが積まれている。ここから宿までは歩いて５分。

アンマンからフェイサーイまでは、ソンテオ〈乗り合いトラック〉も１日１本出ている。所要時間は３時間）。

ムアンマンを出発すると、右岸のミャンマー側に、高級ホテルのような巨大なカジノの建物が見えてくる。ここはラオス、ミャンマー、タイの国境が接するゴールデントライアングルの中心だ。

15分ほどでタイのチェンセンの街並みが右岸に見えてくる。もうここからラオスの対岸はタイ領になる。

１時間50分で、フェイサーイの北のスピードボート乗り場に着いた。

パークベン

パークベンのスピードボート乗り場

船着き場からメインストリートが伸びている。ゲストハウス、食堂、食料品店が軒を連ねている。白い大きな建物はSarika G.H。

パークベン

メコンの上流に太陽が沈みかけたころ、スローボートがフェイサーイから下ってきた。接岸した船から降りてきたのは、全員バックパッカーだった。メコンの船旅をするなら、たいていはパークベンに泊まることになる。フェイサーイから下るにしても、ルアンパバーンから遡るにしても、パークベンはちょうどよい距離に位置しているからだ。

船着き場から幅の広い道が陸に向かって伸びていて、500mほどのあいだにゲストハウス、食堂、食料品店などが建ち並び、宿場街パークベンを形作っている。

街外れにある市場には、タケノコ、ヘチマ、ナス、レモングラス、見たこともない山菜や木の実、小さな歯を剝き出したムササビやネズミらしい真っ黒な燻製など山のものや川のものが並んでいる。

日が落ちてあたりが暗くなると、食堂のテーブルにロウソクの火が灯り、店内がオレンジ色に浮かび上がる。やがて宿の自家発電が９時で止められ、月明かりに浮かんだパークベンの街は静寂に包まれる。

パークベンの市場。これ以外、町には特に観光するようなものはない。

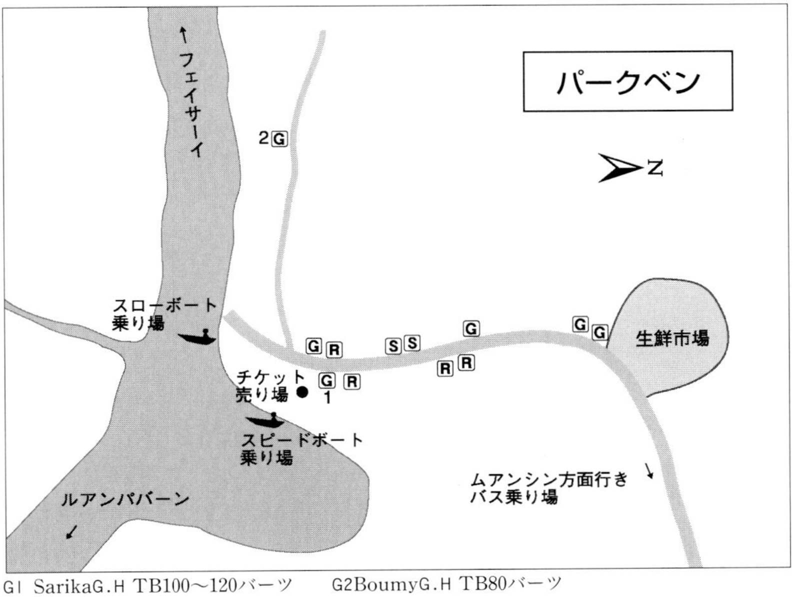

G1 SarikaG.H TB100〜120バーツ　G2BoumyG.H TB80バーツ
＊バス乗り場はタクシーで2000キープ。

市場には山のもの、川のもの、それらを加工したもの、そしてラオスの蒸留酒ラオラオが売られていた。

ルアンパバーン

ワットシェントーンの夕方の読経

ルアンパバーン

履物を脱ぎ、地面にひざまずいてうやうやしく食事を差し出す仏教徒。あたりまえのように無表情で、それを受け取る僧侶の列。この托鉢のシーンからルアンパバーンの１日が始まる。

やっと明るくなってきた朝の６時過ぎ、街のそこここで、住民たちが熱々の蒸したもち米を竹のバスケットに入れてひざまずいている。通りの向こうから、ひたひたと裸足の僧侶の列が近づいてくる。この光景がこの街では500年以上も繰り返されてきたのだ。

托鉢から戻った僧侶たちがそろそろ食事をし始める７時半、街の中心にそびえる聖山プーシーの階段のゲートが開けられる。300段の階段を登って頂上までたどり着くと、山蔭から姿を見せたばかりの太陽が、柔らかな光線を眼下に広がるルアンパバーンの街に降り注いでいる。

数え切れない数の仏教寺院、博物館になっている白亜の旧王宮、すっきりと直線状に伸びた街並み。これらの世界遺産に登録された建造物群を覆い隠すように、街にはたっぷり緑をたたえた熱帯樹が生い茂っている。風景のすべてが斜光線に長い影を刻まれ、くっきりと輪郭を浮き上がらせていた。

王宮博物館の背後を、ミルクコーヒー色したメコン川が静かに流れている。対岸を離れた渡し舟が、ミズスマシのように水面に航跡を引きながらこちら側に向かってくる。道路を行き交う人や乗り物がだんだんと増えてきて、街が本格的に動き出してきたようだ。８時になると王宮博物館も開館し、観光用のボートは客を乗せ始める。

朝食後、パークウー洞窟までリバークルーズをした。岸辺を離れて間もなく、５人分の座席を備えた小さなボートは、水上ガソリンスタンドに立ち寄って燃料を補給。白く波立った瀬を迂回する以外、ボートはずっと右岸ぎりぎりのコースを取り続ける。川岸近くの逆流を利用してエンジンの非力をカバーしているようだ。

上流へ遡っているのに川幅は広くなっていく。カヤックで下ってくる白人カップルとすれ違った。パドルを軽く水流に合わせているだけで、のんびりとメコンの流れに身を任せている。１時間半かかって、パークウー洞窟に到着。右岸の大きな崖下に先客のボートが停泊していた。崖の上部には黒い穴が空いていて、ボートが接岸しているところからそこまでコンクリートの階段が続いている。

入場料2000キープを支払い、洞窟に入る。洞窟内の遊歩道はすぐ行き

聖山プーシーから見下ろしたルアンパバーンの夜明け。緑濃い木々に囲まれた町には、古都の落ち着いたたたずまいがある。

止まりになっていて拍子抜けするが、目の前に大小無数の仏像が無造作に並んでいて、この「千躰仏」がパークウー洞窟観光の目玉なのだ。

崖の上にも洞窟があり、左手から遊歩道が伸びている。案内板が立っていた。「9世紀、雲南から南下してきたラオ族はここをピー(精霊)の棲む聖地として祀っていたが、16世紀になると、仏教を信仰する国王によって仏教の聖地とされた」

たしかに、この付近の風景は霊的気配を秘めているようだ。メコン川を挟んだ洞窟の対岸は北ラオスのもっとも奥深いポンサーリー県から流れ下ってきたウー川の河口になるが、そこには花崗岩の風化した山がいくつも奇怪な姿をさらしている。巨大なリンガ（ヒンドゥー教の神シヴァを象徴する男根型の石柱）のように空に向かって屹立している山などは、いまでも精霊ピーが棲む聖地とされているのではないだろうか。

ルアンパバーンに戻ると、メコン川に面して建てられた古寺ワットシェントーンの船着き場で降ろしてもらった。この寺の本堂は屋根の反り

托鉢をする僧侶と、蒸したばかりのもち米を喜捨する住民。上座仏教を信仰するラオ族たちによって、この土地では500年も前からこうした光景が繰り返されてきた。

ルアンパバーンの街並みは世界遺産に登録されているが、その中心は半島のようにメコン川に突き出た部分になる。水運が盛んだった時代に建てられた建造物が観光用に使われている。

メコン川を背にした旧王宮は博物館として公開されている。王宮は100年余り前に、ラオスを植民地にしていたフランスが王のために建てたもの。

具合が美しく、ルアンパバーンを代表する観光ポイントになっている。

激しく照りつける真昼の太陽を避けて、本堂の屋根の下に入ると、英語の本を手にした若い僧侶が座っていた。彼の方から英語で話しかけてきて、名前はソムチャイ、19歳だと自己紹介した。ソムチャイはタイ人によくある名前だが、それをたずねると、タイと国境を接するサイヤブリー県の出身で、勉強がしたくて４年前にここの寺で得度したという。ここでは名前を「ソムサイ」とラオス式に発音されて呼ばれているが、自分の村ではみんながタイ語を使っているので「ソムチャイ」なんだと教えてくれた。

夕方５時半、またワットシェントーンの船着き場に行ってみた。12月のラオスはこの時間に日が暮れる。メコンの川面が赤く夕日に染まっていた。この時間になると、もうメコンを走るボートはいない。小さなボートを浮かべ、投網をしている人がいるだけだった。日の出とともに１日の暮らしが始まり、日暮れとともに仕事を終える。こんな生活のリズムがまだこの町にはある。

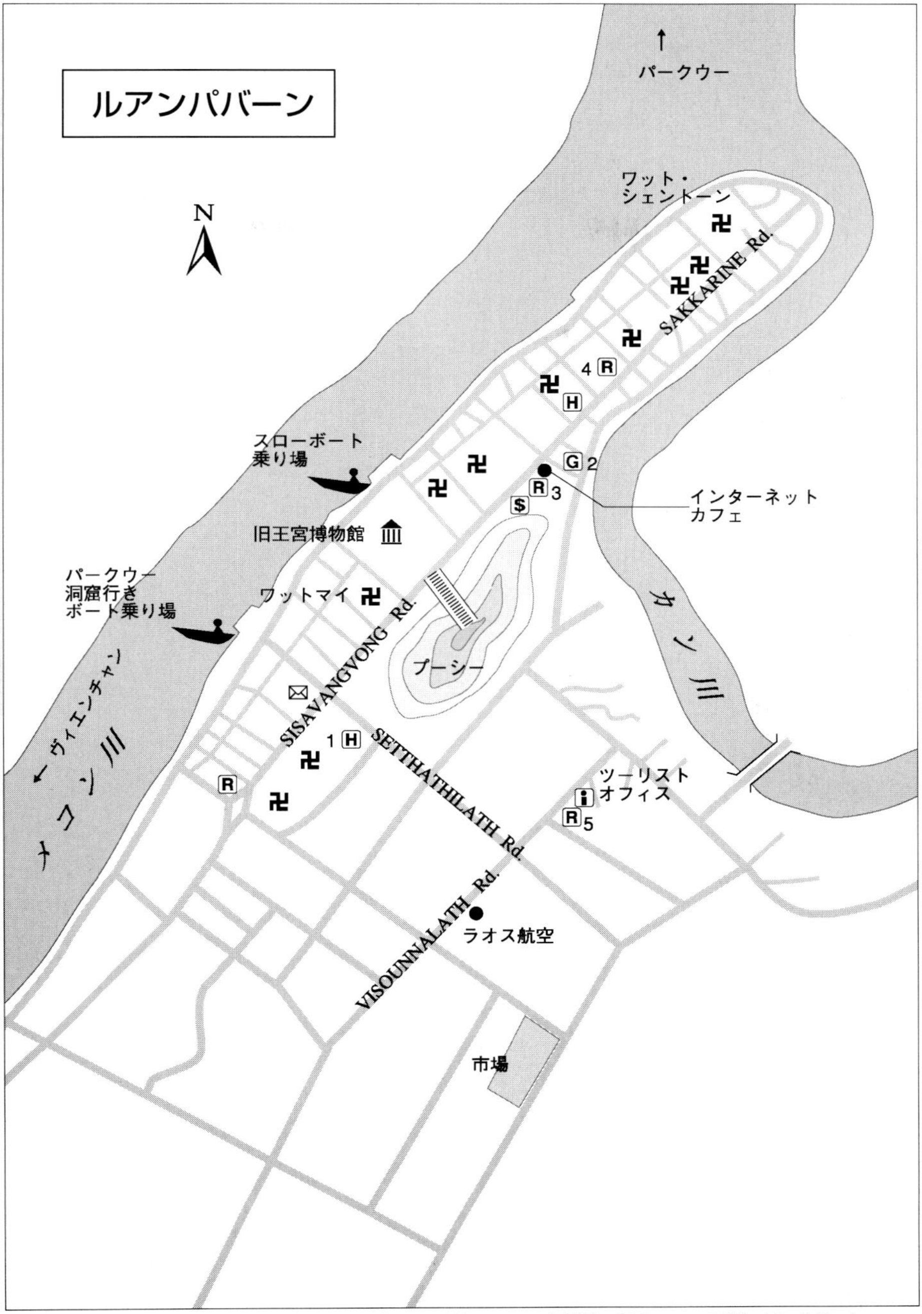

H1Phousy Hotel TB35ドル　G2Saynamkhane G.H TB25～30ドル　R3Healthy＆Fresh Bakery　R4Lao Vegetarian＆Fruits Shake　R5Najim Indian Food

パークウー洞窟内の千躰仏。4000以上の仏像がメコン川を向いて立っている。

バス
ルアンパバーン———ヴィエンチャン　10〜11時間(400km)　5万キープ
発車時間　6:30　7:30　9:00　10:00　11:30
ウドムサイ　5〜6時間　2万2000キープ
6:00〜10:00の間に約3本
＊街からバスターミナルまで、ソンテオで1人5000キープ。
スローボート
ルアンパバーン———フェイサーイ　2日間(300km)　9万キープ
パークベン　6時間(160km)　4万8000キープ
ヴィエンチャン　川の水位にもよるが2〜3日間(430km)
13万キープ
飛行機・ラオス航空(http://www.lao-aviation.co.jp)
国内線
ルアンパバーン———ヴィエンチャン　毎日運行　55ドル
＊以下のフライトは週に数便のみだが、乗客が少ないとキャンセルになる場合もある。
ルアンパバーン———フェイサーイ(46ドル)、ルアンナムター(37ドル)、ウドムサイ(28ドル)
国際線
ルアンパバーン———チェンマイ———ルアンパバーン　木、日曜　11:30-12:30
/13:10-14:10

ウドムサイ

ウドムサイのバスターミナル

町の南東、パゴダの立っている丘から見下ろしたウドムサイの町。ムアンサイと旧名で呼ばれることもある。北ラオス最大の商業都市。

ウドムサイ

突然の大音響に叩き起こされた。泊まったゲストハウスの前が、ラオス人民民主共和国の英雄カイソン元大統領を称える記念広場になっていて、ここに設置された拡声器から流れる音楽と女性の声だった。ラオス語なので理解できないが、女性の口調はラジオ放送のようだった。

ウドムサイはこのカイソン広場を中心に再開発された新しい町だ。ホテルやレストランの建ち並ぶ繁華街のすぐ後ろが、白い仏塔のそびえる丘になっていて、ここから町が一望できる。周囲を山に囲まれた盆地のなかにあって、西側には四角いコンクリートの建物がひしめき合い、東側には水田が広がっている。

ルアンパバーンやサムヌア、ポンサーリーやベトナム国境、メコン川のパークベン、ムアンシンや中国国境——北ラオスの旅は、どこへ行くにもこのウドムサイの町を経由する。ここからルアンパバーン、サムヌア、ポンサーリーへ伸びる舗装道路は中国の援助によって建設されたものだ。雲南省や江南省と車体に書いた大型トラックが走っている。中国

町を一歩出ると、平地はすべて水田として利用されている。作られているのはもち米。一般に北ラオスの人たちの主食は蒸したもち米になる。

はこの道を使って、サトウキビ、サー樹の皮(ジュート)など、ラオスの一次産品や森林資源を自分の国に運んでいるのだ。トラックいっぱいに積み上げられたサー樹の皮は、中国で繊維に加工され、ブランケットなどになってラオスに逆輸入されている。

1960年代のウドムサイは、中国共産党と対立していた中国国民党(蔣介石軍)の拠点となっていた。それから半世紀近くたった現在、ウドムサイはラオスの一次産品の集散地という別な形で、また中国の拠点となってしまった。街には中国人相手のホテルやナイトクラブが増えている。

バス　ウドムサイ――パークベン　8時間(144km)　2万2000キープ
ルアンナムター　4時間(120km)　1万8000キープ
＊各方面とも始発は8：00頃だが、満席にならないと出ない。
飛行機　ヴィエンチャン――ウドムサイ――ヴィエンチャン　片道71ドル
火・木・日曜　16:05-16:50/17:20-18:05　金曜　11:00-11:50/12:20-13:10
＊以下のフライトは週に数便あるが、乗客数によりキャンセルもある。
ウドムサイ――ルアンパバーン(28ドル)、フェイサーイ(37ドル)、ルアンナムター(33ドル)
＊チケットは3日前に購入する。

ウドムサイからルアンナムターに向かう乗り合いトラック。

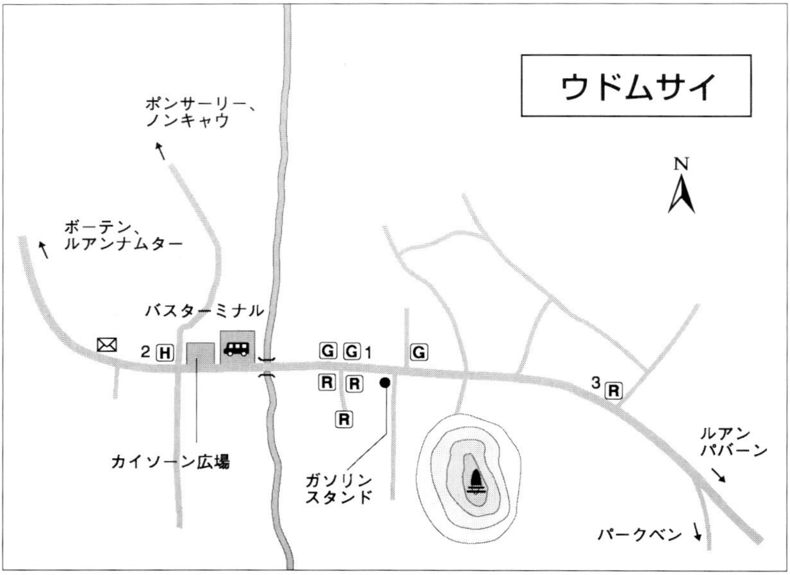

G1Linda G.H TB20ドル　H2Singthong Hotel TB15ドル　R3Thanousing Restaurant

ムアンシン

ムアンシンの市場・竹を売る山地民

ムアンシンの朝市は規模が大きく品数も豊富だ。山のものを背負った周辺の山地民たちが、おおぜい商売にやって来る。山で採れたものならなんでも商品になるようだ。

フランスが築いたムアンシンの大通り。中国国境まで続いている。2階建て以上の建物がないせいか、町の風景がゆったりとして落ち着いている。

ムアンシン

ルアンナムターを出発したマイクロバスは、ター川(ナムター)の左岸に沿ってぐんぐん山道を登っていく。緩やかな山並みは消え、山が1つ1つ切り立ったように道の両側に迫ってきた。重量感のある山岳風景だ。山の斜面を覆っている熱帯雨林の森は一段と深くなっていく。

道路際に生えているヤマイモ科の植物が1m以上もある葉を広げている。緑の光沢に包まれた葉の勢いがこれまでとは違う。植物も荒々しさを増してきた。ヤシの木と見間違うほどに成長した巨大シダ。大型爬虫類が繁栄した中生代を思わせる植物たちの世界だ。ラオスを旅していてはじめて、本物のジャングルを見た気がした。

峠の手前にチェックポストがあり、警官が車内に入ってきて荷物検査が行なわれた。ミャンマーや中国国境が近いので、麻薬や密輸を取り締まっているのだろうか。峠を越えてしばらく下っていくと平野に入った。すると突然バスが道端に停まり、運転手が運賃を集金した。ルアンナムターから1万キープ。

仏教寺院ワットチェンチャイには、タイルーの歴史が記された貝葉《ばいよう》(文字を記した短冊形のヤシの葉)が残されている。使われている文字は南インド系の文字を原型にしたタム文字。

大きな集落の前で女性がおおぜい下車する。バスの屋根に積み上げていた荷物がたくさん降ろされた。彼女たちの高く結い上げた髪型と銀貨で作ったかんざしのスタイルは、タイダム女性独特のファッションだ。

ムアンシンはここからすぐだった。ルアンナムターから2時間半、町の中心になる大きな市場の前に到着した。

ムアンシンは、ルアンナムターやウドムサイとは違った趣がある。特に古いものがあるわけではないのだが、落ち着いた雰囲気がただよい、歴史を感じさせる。実際、ラオス国に組み込まれるまで、ムアンシンは王国としての長い歴史を誇っていたのだ。

1894年から2年間かけて北ラオスと南雲南を歩いたフランス人の旅行記によると、ムアンシンは王宮を中心に道路が碁盤の目状に走り、城門には見張りが立っていた。街では5日に1度市が開かれ、シーサンパンナーや、その東にあったシプソンチュータイ(現在のベトナム・ディエンビエンフーあたり)など近隣諸国から商人たちがたくさん集まってきていた。城外には彼らのための宿泊所もあったという。

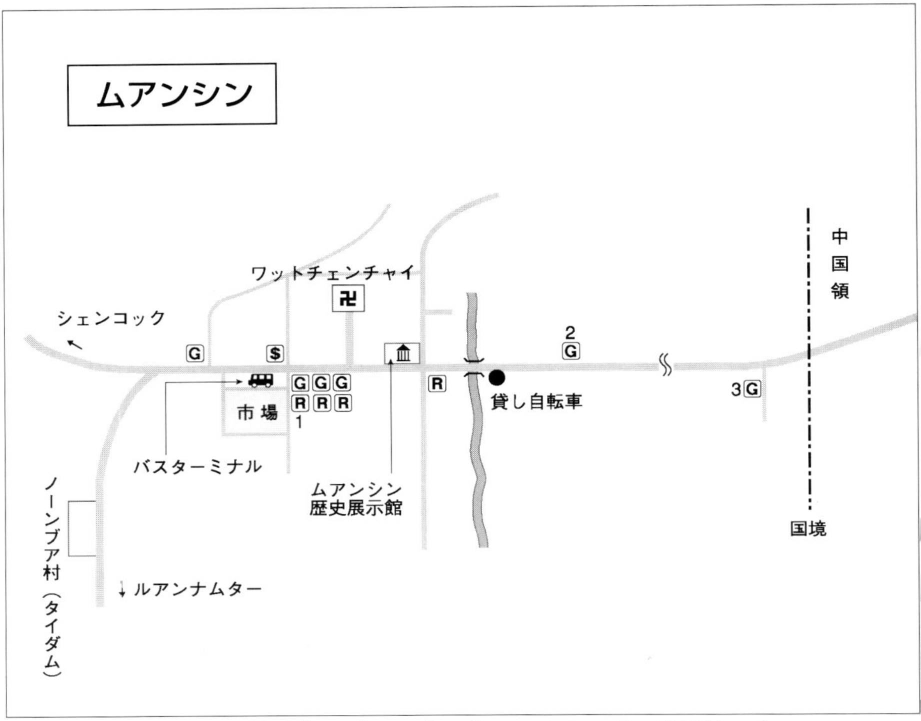

G&R1Viengxay G.H TB3万キープ　G2Sengdawane G.H　コテージ４万キープ
G3Adima G.H　コテージ３万5000～４万5000キープ

いまの大きな市場はこの時代の市の名残だろう。毎朝早くからにぎわう市場には、山地から商いにやってくる人たちも大勢いて、民族衣装を着た彼らの前には森や山の産物が並んでいる。

中心街の大通りから一歩裏道に入ると、道はすべて当時のまま碁盤の目状になっていて、競技場付近には城壁と濠の一部が残っている。繁華街の大通りも昔は城壁だった場所だが、中国への道路（現在の大通り）を建設したフランスによって取り壊されてしまったのだ。

バス ムアンシン――――ムアンロン　１.５時間（50km）　１万キープ シェンコック　２.５時間（75km）　１万5000キープ ルアンナムター　２時間（58km）　１万キープ ＊朝８時頃から３時ぐらいまでの間に各方面3、４本あるが、座席が埋まらないと出ない。

アカ族の村Nam Ded Maiからヤオ族の村Pou Don Thanを見る。アカ族は高床の入母屋造り、ヤオ族は土間のある切妻造りの家に住む。

少数民族の村にトレッキング

ムアンシンの町の大通りを北に8km行くと、中国との国境になる。この国境はまだ外国人には開放されていないが、2kmほど手前の山道を登っていくと、ゲストハウスが建っている。Adima（アディマ＝アカ族の言葉で「我々の友人」の意味）という名前のコテージ風ゲストハウスだ。付近にはアカ、ヤオ、ルーなど少数民族の集落が12村あり、アディマから軽いトレッキング気分で訪れることができる。

一番近いアカの村は5分も歩けばたどり着く。村の入り口に日本の鳥居とよく似た門があり、魔除けのための鉄砲の模型が横に渡した貫《ぬき》にぶら下がっている。40棟ほど、藁葺き屋根の高床式民家が散らばる小さな村だが、さらにここから5〜6分も歩くとヤオの集落になる。彼らは高床式でなく、中国スタイルの土間の家に住む。ここから隣のアカの集落までは50分近くかかるが、コースの取りかた次第では、半日でも1日でも、気の赴くままにトレッキングが楽しめる。人気のあるアディマは客室が8室しかないため、よほど運がよくないと泊まれない。

アカの村の入り口には鳥居の原型のような門があり、銃などの武器の模型をぶら下げて悪霊の侵入を防いでいる。左の柱の脇に男女一対の木偶が立ててある。

アカの女性は頭を銀で飾り立てているのが特徴。大きな丸い飾りは植民地時代の銀貨を流用したもの。

タイダムの女性たちの織物は繊細だ。染色は草木を用いた天然染料。手にした織物を織るには、最初にこれだけの染料でそれぞれ糸を染めることから始める。

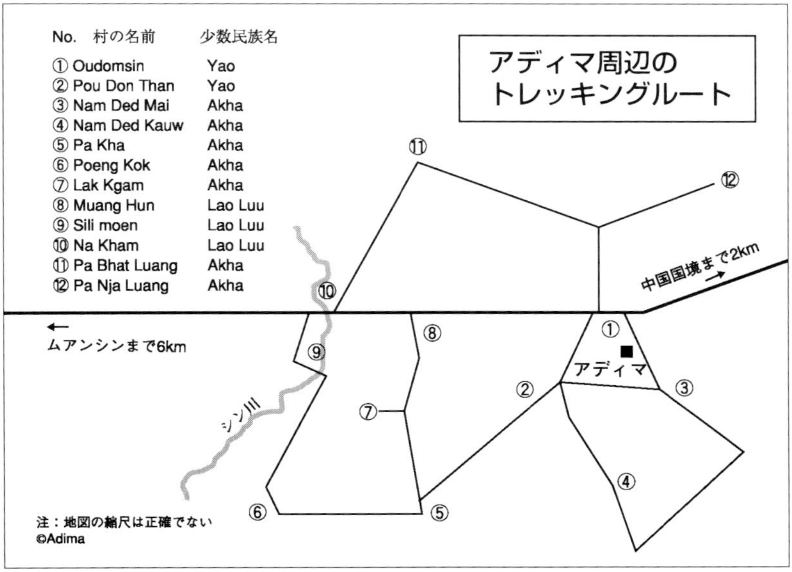

アディマ周辺のトレッキングルート

No.	村の名前	少数民族名
①	Oudomsin	Yao
②	Pou Don Than	Yao
③	Nam Ded Mai	Akha
④	Nam Ded Kauw	Akha
⑤	Pa Kha	Akha
⑥	Poeng Kok	Akha
⑦	Lak Kgam	Akha
⑧	Muang Hun	Lao Luu
⑨	Sili moen	Lao Luu
⑩	Na Kham	Lao Luu
⑪	Pa Bhat Luang	Akha
⑫	Pa Nja Luang	Akha

中国国境まで2km

ムアンシンまで6km

アディマ

注：地図の縮尺は正確でない

蒸留酒ラオラオ造りは洗練されている。鉄鍋に醗酵した米と水を入れ、加熱して水蒸気にする。水蒸気は水を張った上部の鍋底に触れて水滴になる。

上部の鍋底は漏斗のように下に向かって尖っていて、鍋底に付いたすべての水滴がそこに集まり、滴り落ちる。下には皿が吊り下げてあり、皿に付いた筒を通って貯まったラオラオが外に流れ出てくる。

ラオスの蒸留酒・ラオラオ

トラックバスの助手席に乗ってムアンシンからルアンナムターへ移動していたとき、ハンドルを握る若い運転手が気さくな調子で話しかけてきた。タイ語なら少しできると言うと「ラオ・ムアンシンを飲んでみたかい？ ムアンシンのラオラオさ。ラオスでナンバーワンだ。タイルーが作っているんだ」と、自分たちタイルーの酒造りを自慢した。

ムアンシンの市場では、タイルーの女性たちが、自家製のラオラオをビンに詰めて売っている。無色透明で度が強く、ネパールのロキシーや沖縄の泡盛のような独特の臭いを持っている。彼女たちは、買いそうな客がそばに来るとグラスを差し出して、積極的に試飲させようとする。味に絶対の自信があるのだろう。

材料はもち米。透明な色は蒸留酒だからで、火を点ければ燃えるほど度が強い。しかし刺のあるケミカルなアルコールぽさはなく、こなれた丸みのある味だ。１瓶3000キープ、お金を払うとビンから透明なビニール袋に移しかえて口をゴムで結んでくれる。

ムアンシンの朝市ではタイルーの女性たちがラオラオを売っている。ムアンシンで造られたものはラオ・ムアンシンとも言われ、ラオスの酒飲みなら誰でも知っているという。

シェンコック

メコン川を航行する中国の貨物船とスローボート

Xenkok Resortから見たメコン川の夜明け。メコンの東側は大きな山が連なっていて、夜が明けてもなかなか太陽は姿を見せない。

シェンコックには荷役をする200人ほどの中国人出稼ぎ者が暮らしている。彼らを相手にした中国人経営の食堂も多い。

シェンコック

ムアンシンから西へ75km、メコン川の岸辺にあるシェンコックは、川旅の宿場町といった感じの小さな集落だ。200mほど離れた対岸はミャンマー領。川岸にミャンマー国旗を掲揚した軍隊のキャンプが見えている。

シェンコックの町には「姐妹飯店」「中老飯店」などと、漢字の看板のある食堂が多い。これは、ここの港が中国の思茅《シーマオ》や景洪《ジンホン》とタイのチェンセンを往復する中国の貨物船の寄港地になっていて、200人ほどの荷役をする中国人が暮らしているからだ。

町の高台に寺院があり、手前が市場になっていた。タイ製の石鹸や口紅、ビルマ製の葉巻、中国製のラジオ、靴、鍋、洗剤、糸などが売られている。「西双版納《シーサンパンナー》傣族自治州民族村」と刺繍された布カバンもあった。売り手はほとんどが中国人。買い手は少数民族が多く、市場入り口の屋台ではアカの娘たちがカオソイ(米の麺)を食べていた。

シェンコックの岸辺のメコンを見下ろす場所に、木造高床式のしゃれたコテージが10棟ほど建ち並んでいる。シェンコック・リゾートと名付

シェンコックの市場には中国製品が多く化粧品などはタイ製品も並んでいる。遠くの村から船に乗って買出しにくる人たちで市場はにぎわっている。

けられたこのコテージは、中年の穏やかな経営者がひとつひとつ自分の手で作り上げていったもので、完成してからまだ間もないという。メコンの雄大な流れを前にして、ベランダの椅子にゆったり座りながら冷えたビールを喉に流し込む。旅の疲れを癒すにはもってこいの宿だ。

「トットットットッ」と風に乗ったように船のエンジン音が聞こえてくる。部屋からベランダに出てみると、目の前を中国の貨物船が下っていく。ブリッジに中国、ミャンマー、タイ、ラオスの小さな国旗がたなびいている。メコン川はラオスからカンボジア、ベトナムと流れ下って南シナ海に達するが、中国の船がラオスからさらに川を下っていくことは永遠にない。ラオス南端でメコンの流れは落差20mの大きな滝になるからだ。

スピードボート
シェンコック――フェイサーイ　4時間　600バーツ(乗り合い)　3000バーツ(チャーター)
＊乗り合いは、シェンコックまで行く客が少ないため長時間待たされることもある。

ムアンシンとシェンコックを結ぶ道路。道沿いに草葺き屋根の集落が点在している。

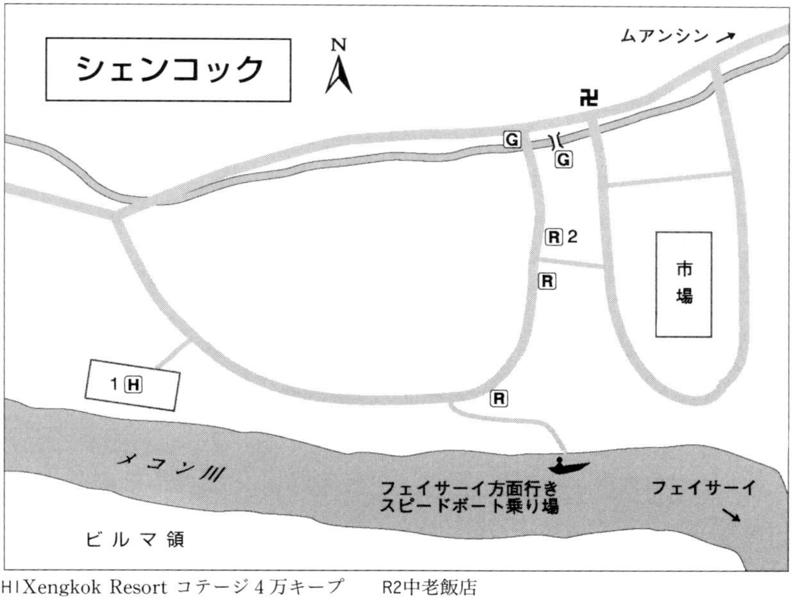

H1Xengkok Resort コテージ4万キープ　　R2中老飯店

畳大の木綿の布を枠に張り、川の中に浸してあらかじめ濡らしておく。竹の繊維を溶いた液を瓢箪のひしゃくに汲み、布が濡れているうちに手早く均一に広げる。

竹で漉いた紙

シェンコックから約20kmほどムアンシン寄りの、道路脇の森の中にランテンの集落がある。村の伝承によると、村人たちの故郷は中国雲南省のベトナムと国境を接したあたりになる。父祖が故郷を離れたのは70年前。清流を求めて、徐々に西に移動してきたのだ。

雨季が終わって２カ月が過ぎた12月、村の中を流れる清流に浸かりながら、女性たちが紙を漉いていた。コウゾの代わりに竹を材料にした竹の紙だ。若い竹が手に入る11月から翌年の２月ころまでが作業の最盛期。山から切り出した竹を石灰と一緒に４週間水に浸して柔らかくし、竪杵で突いて水と混ぜたものが紙漉きの材料になる。

たたみ１畳ほどの竹の枠に木綿の布を張り、その上に瓢箪で作った柄《ひ》杓《しゃく》で材料を流し込む。それを半日ほど直射日光に当てて乾かすと、ほのかに竹の香りのする美しい紙ができあがる。竹紙はこれまでランテンやヤオの宗教行事のために作られていたが、現金収入の乏しいこの村では、生活手段としての竹紙作りを成り立たせようと模索しだしている。

ランテンの集落はきまって清流のそばにある。伝統的な竹紙作りに澄んだ水が欠かせない。11月から2月が竹紙漉きの最盛期、川に浸かりながら作業をする。

竹の繊維を溶いた液を布に広げたあと、1日天火で乾燥させる。村中に白い紙を並べて太陽を反射している様子は(前ページ写真参照)、まるで現代アートのようだ。

乾燥すると簡単に竹紙は剝がれる。竹の繊維の微かな肌触り、くすんだ地味な色合い。このさりげない作り方が、竹紙をかえって味わい深いものにしている。

シェンコックの船着き場は中国専用の港のようだ。中国籍の貨物船がタイから持ち帰った大量の物資を大型トラックが受け取ると、北ラオスを走り抜けて中国国内に運んでいく。

シェンコックから下流のメコン川はしばらく危険な岩礁地帯が続く。川幅が狭まり、流れも速く、ウズを巻いているところもある。

中国船でメコンを下る

シェンコックの朝の船着き場は、メコンの瀬音を消してしまうほど活気に満ちている。周辺の村々から市場に向かう人々を乗せて、頻繁にエンジン付きボートがやって来る。激しい排気音を撒き散らしながら、スピードボートが上流や下流の村に向かっていく。上半身裸になった数十人の男たちが汗を滴らせ、大型貨物船から大量のダンボール箱を荷揚げしている。

ダンボール箱の中身はドライフルーツになったロンガン(龍眼)だ。大型トラックが続々と船着き場に乗り入れ、山のようにロンガンの箱を積んでは、3000kmも離れた江西省へ向かって出発していく。1台のトラックに3人の運転手が乗り、夜も交代で走りつづけるという。

荷揚げの監督をしていた中国人の船主が、筆談でこうしたことを教えてくれた。船は荷揚げを終えるとタイのチェンセンまで下って行くという。同乗できれば最高の船旅になる。頼んでみると簡単に承諾してくれた。船で上陸する場合タイはビザが必要なので、ラオスのムアンマンま

この区間だけは船員たちの表情に緊張が走る。メコンを航行する貨物船に乗って10年という若い船長は、巧みな操作で岩礁地帯を切り抜けていく。

難所を切り抜けると食事になった。船上の食事とは思えない豊富な内容のメニューだった。北ラオスの移動手段に中国船が加われば、旅はさらに変化に富んで面白くなる。

で1000バーツ支払うということで話が成立した。

12時20分。船倉のダンボールをすべてトラックに移し終えた貨物船は、長い警笛を1回、短い警笛を2回続けて鳴らして岸を離れると、船首を下流に向けて反転させた。

シェンコックを出てから5分も経たないうちに、岩礁だらけの難所が連続する。おもいきり速度を落とし、警笛を鳴らしながら、ほとんど船の幅しかないような岩礁の間をスキーの回転競技のようにすり抜けていく。針の穴を通すと言いたくなるようなきわどさだが、若い船長は落ち着いた表情で操舵輪を操っている。

貨物船のもっとも高い位置にある操舵室からは、次々出現する岩礁を、チェスの駒を上から見るように把握できる。副船長は無線のマイクを手にしながら、下流から遡ってくる貨物船に、たえず自船の現在地を伝えているようだ。もしも見通しの利かないカーブでお互いに突っ込んでしまったら、避ける余地はない。

景洪《ジンホン》とチェンセンの間は、この船で2日間の距離だという。シェンコックからムアンマンまでは、下りだと4時間だが、上りは9時間もかかる。それほどこの区間は流れが速く、難所が多いということなのだろう。事実、今朝も無線で遭難事故の知らせが入ったというその現場付近を通過しているときに、ばらばらになったスローボートの木片が漂っているのを見た。馬力のない船が荷物や人を乗せ過ぎると、流れに抵抗できず岩に叩きつけられてしまうのだ。

30分ほどで岩礁地帯を抜け出ると、右岸に貨物船が待機していた。今度はこの船が岩礁地帯を遡っていくのだろう。「チーファン(吃飯)！」と船主に呼ばれた。

船長ひとりを操舵室に残して、後部のデッキで昼食が始まった。4種類の料理が並んだテーブルを、6人の若い乗組員と船主と一緒に囲む。タマネギと豚肉炒め、ゆでた菜の花、菜の花と豚肉の煮物、豚肉のニンニク唐辛子炒め。テーブルいっぱいに並んでいる。

3時間のあいだにすれ違った船は、中国の貨物船が7、スローボートが5、スピードボートが5。現在メコンを航行している中国の貨物船は70隻以上だというが、たしかに頻繁に走っている。

船主が、一緒に仕事をしないかと、真顔で持ちかけてきた。自分の船に日本人を乗せて、メコンクルーズをやってみたいと考えているようだ。中国の旅行会社が実際にメコンツアーを企画し始めたらしい。どうやらこれからメコンの上流を支配するのは中国のようだ。なんといっても、あの岩礁地帯で大型船を操れるのは、いまのところ中国人船長しかいないのだ。

4時頃、右岸のミャンマー側に初めて大きな集落を見た。高床草葺きの家が30戸ほどかたまっている。このあたりは川幅が狭く、100mくらいのものだが、早瀬もなく流れは穏やかだった。

集落の背後の斜面が一面緑の竹で覆われている。赤い花を咲かせた桜のような木も村のそばに見えている。

さらに30分下ると、川幅は急に広くなった。300mくらいはあるだろうか。メコンの雄大な流れに乗って船はゆっくり下っていく。

黄金色に輝くパゴダがビルマ側に見えてきた。ムアンマンは間もなくだと船主が教えてくれた。4時45分、船はムアンマンに到着し、建築中の港湾施設に接岸した。船べりから飛び降りた瞬間に船は岸を離れていった。船主も若い乗組員たちもデッキに出て手を振っている。操舵室の窓越しに見える船長も軽く手をあげて笑顔を見せていた。

ミャンマー側に36個のパゴダ群が見えてくると、ムアンマンは間近だ。ミャンマー側はタイヤイ、ムアンマンはタイルーが住む。両者はタイ文化を共有し、言葉が通じ合う。

ムアンマン

ゲストハウスが１軒、食堂が２軒だけというムアンマンには、ほとんど観光客の姿は見られない。朝、メコンの川岸を散歩してみると、対岸のミャンマーの町バーンプンの土手に仮設テントが張ってあり、人や車が溢れていた。ムアンマン側からも客を乗せたスピードボートがひっきりなしに出ていく。市が立っているのだ。

木曜日はミャンマー側のバーンプンで、月曜日はラオス側のムアンマンで市が立ち、お互いにメコンを渡って自由に買い物ができるようになっている。ミャンマー側でもラオス側でも、通用する紙幣はタイのバーツとドルだけだという。市からスピードボートで戻ってきた青年はペットボトルを手にしていた。彼は岸辺に停めてあったバイクのガソリンタンクの蓋を開けると、ボトルの中身を流しこんだ。今日はフェイサーイでガソリンが買えないので、ミャンマーの市まで行って買い求めてきたのだ。バーンプンはタイヤイの村、ムアンマンはタイルーの村。両者はタイのチェンマイを中心とする同じランナータイ文化圏に属している。

ルアンナムター

中国に輸出されるジュート

ルアンナムターのバスターミナルからムアンシンに向かう乗り合いトラック。ムアンシンまで順調に走って２時間半の距離だ。

ルアンナムター

ラオスから雲南省に入る場合、前日はルアンナムターに泊まるのが一般的だ。町にはゲストハウスがたくさんある。数年のうちには船旅の拠点として人気が出てくるかもしれないが、いまは経由地として以上の魅力はこの町にない。以下は観光局が勧めるルアンナムター周辺の観光ポイントである（地図参照）。

❶ルアンナムター博物館

この土地の民族衣装、日用品、宗教用具などが展示されている。

❷バーンハートヤオ（ハートヤオ村）

ムアンシンに行く道路沿いの、街の中心から約２kmのところにあり、徒歩でも行ける。織物、宝石、籠、服などが販売されている。

❸バーントンジャイ（トンジャイ村）

伝統的なタイダムの生糸作りや草木染めを見たり、織物を買うことができる。村へは、街の北にある橋を渡り、右の砂利道に沿っていく。

ムアンシンに向かう山道にある集落。山間部のこうしたわずかな平地に、必ず小さな集落ができている。

❹ワットルアンコーン

ラオスは上座仏教国として知られているが、ルアンナムターの仏教徒は人口の20%しかいない。ほとんどの人は昔から伝わる精霊を信仰している。この寺は、数少ない仏教寺。空港の先約7kmの通り沿いにある。

❺ポウムポウクパゴダ（仏塔）

1628年建立。昔は崇拝を集めていたが、第2次インドシナ戦争時には500ポンド爆弾が打ちこまれるなど、度重なる略奪や破壊に遭っている。空港を通り過ぎて舗装がなくなったところを右に曲がる。砂利道を約5km行ったところがバーンティンタート（ティンタート村）、ここから1kmほど先にパゴダがある。

❻ナムハー国立森林保護区

ルアンナムター県にはナムハー国立森林保護区を含め、22万2400ヘクタールの原生林が残っていて、虎、象、熊等の大型哺乳動物や鳥類、爬虫類が生息している。

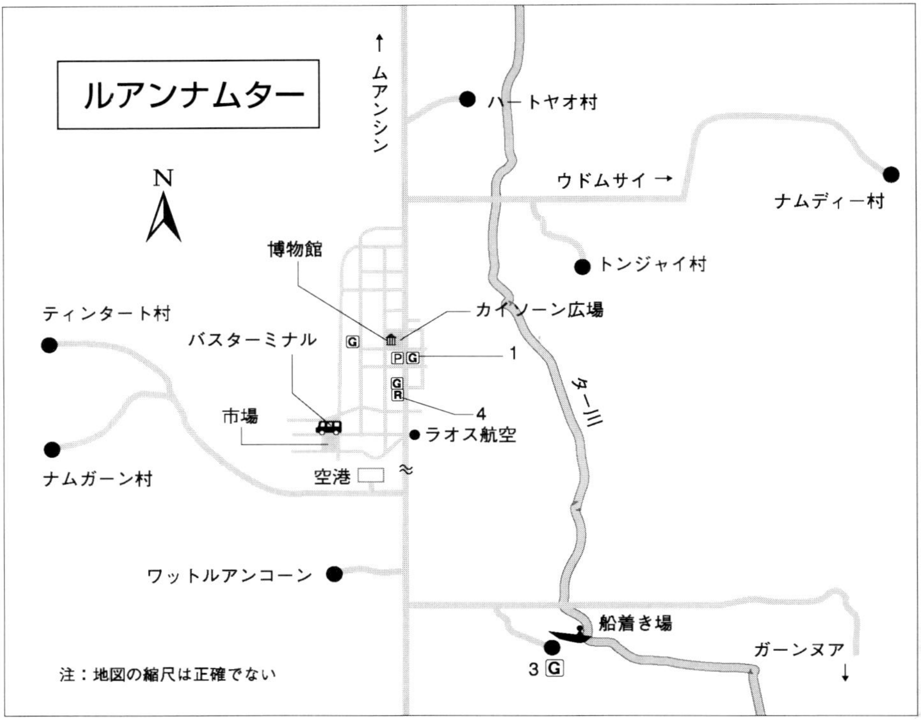

G1Palanh G.H TB3万～4万キープ　G2Bus Station G.H TB2万5000キープ
G3Boat Landing G.H TB10～12ドル　GR4Manychan G.H

❼ガーンヌアでのピクニック
ルアンナムターから約20km南のター川(ナムター)の東側にある。ボート、トゥクトゥクや自転車で行ける（「ルアンナムターを基点にした船の旅」参照)。

ルアンナムターを基点とした船の旅 (73ページの地図参照)

昔のインドシナ半島は陸路よりも水路が幹線だったので、首都や大きな町は、どこも水運の便利な場所に築かれている。ター川によってメコン川と結ばれたルアンナムターも、水運の要衝だった。ター川上流や、支流のハー川(ナムハー)流域で採取された森や山の産物がルアンナムターに集められると、ター川を下って河口のパークターまで送られる。ここから先はメコンの水運ネットワークが各地に広がっていた。

ルアンナムターを基点としたこの昔の交易ルートが、外国人観光客のリバークルーズのルートとして注目されだしてきた。地元の観光局やゲストハウスがモデルコースを提供し、ツアーも催行されている。

ルアンナムターの町外れにあるター川の船着き場。この川を利用する船旅が新たなアトラクションとして注目されている。

【コース】

＊ナムター→ハー川河口→ナムター　3時間〜1日

ター川を下って、国立森林保護区まで行くツアー。ガーンヌアのピクニックエリアがある(トイレあり)。帰路は、カムーの村バーンソプシンと、ランテンの村バーンハートダート、バーンソプデュートに立ち寄る。ボートランディング・ゲストハウスでは、ガーンヌアのバーベキューまたは弁当付きのツアーをアレンジしている。料金＝1人のみの場合5万キープ、5人乗船の場合1艘20万キープ。

＊ナムター→ハー川→ナムター　1〜2日

ター川を下り、2〜3時間で国立森林保護区のハー川に入る。このツアーは水位が高いときのみ可能。所要時間も川の状態によって変わるが、朝早く出発すれば1日で戻ることもできる。ハー川に入って、ランテンとモンの村バーンナムゴイとカムーの村バーンナーランを訪ねる。

料金＝川の条件が一定していないので要交渉。

＊ナムター→ナレー→フェイサーイ　1泊2日

1日目　ター川の船着き場からナレーまでは約3時間の船旅。この日はナレーゲストハウス（1万キープ）に泊まるか、船頭に宿を紹介してもらう。

2日目　朝早く出発。パークターまで4時間。バーンモットの洞窟を探索後、スローボート（2～3時間）かスピードボートでフェイサーイまで。所要時間はメコン川の流量（雨季か乾季か）による。

料金＝75～100ドル（船1艘をパークターまでチャーター）。

＊ナムター→ナレー→パークベン→ルアンパバーン　2泊3日

1日目　ター川船着き場からナレーまで約3時間。ナレー泊。

2日目　早朝出発。パークターまで4時間。バーンモットの洞窟を探索後、スローボート（約3時間）かスピードボート（1時間）でパークベンへ。パークベン泊。

3日目　スローボート（半日）かスピードボート（2時間）でルアンパバーンへ（パークターでスピードボートをチャーターすれば、ナレーからルアンパバーンまで1日で行くこともできる）。

料金＝ナムター→パークター間は65～95ドル。

【料金】

料金は川の状況による。以下の条件を踏まえ、交渉で料金を決める。

①ナムターは小さい川なのできちんとした川の知識と技量が必要。
②ガソリンの値段はその時によってちがう。
③船頭は、ナレー→パークター間を空の船で戻らなければならない。
④水位が高い場合は燃料の消費も少ないので、水位が低い時に比べて安い。それに荷物をたくさん積むことができる（ター川のボートは4気筒のエンジンで、川の水位と荷物の重さによるが、4人から6人乗り）。

【参考】

①同乗者がいれば料金は安くなる。出発の前夜などに船頭に明日行くことを言っておくのも手だ。
②ター川の船はメコン川には出ないので、パークターの先はスローボートかスピードボートを利用する。
③ナレーは船が少ないため、2～3日船待ちすることがある。パークターまで船をチャーターすると早く目的地に着く。

ター川の船着き場に建っているBoat Landing G.H。ここで主催するツアーもある。

④料金は高くなるが、ボートを完全にチャーターすれば、川沿いの村に止まるなど、ゆっくりとした船旅が楽しめる。
⑤所要時間は、季節によって川の水位が変化するため一定していない。水位が低い最悪の場合は、ボートが出ないこともある。
＊問い合せ先：Boat Landing G.H（☎312－398）またはルアンナムター観光局（☎312－047）。

バス

ルアンナムター――ムアンシン		2時間(60㎞)	1万キープ
	ボーテン	2時間(57㎞)	1万キープ
	ウドムサイ	4時間(120㎞)	1万8000キープ

飛行機

ヴィエンチャン――ルアンナムター――ヴィエンチャン
火・水・木・土・日　10:45-11:40/12:15-13:10　片道80ドル
＊以下のフライトは週に数便のみだが、乗客が少ないとキャンセルになる場合がある。
ルアンナムター――フェイサーイ(41ドル)
ルアンパバーン(37ドル)

パークベン付近のメコン川。川岸近くまで切り立った山が迫り、山の斜面は鬱蒼とした密林で覆われている。

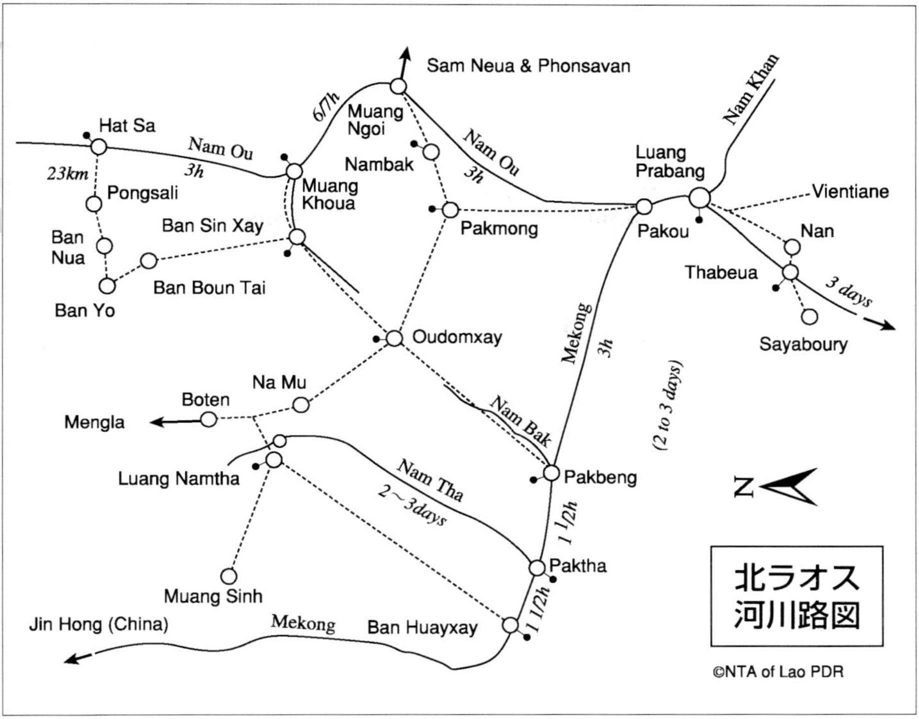
北ラオス
河川路図
Sam Neua & Phonsavan
Muang Ngoi
Nambak
Hat Sa
Nam Ou
3h
6/7h
23km
Pongsali
Muang Khoua
Ban Sin Xay
Ban Nua
Ban Boun Tai
Ban Yo
Nam Ou
3h
Pakmong
Luang Prabang
Pakou
Nam Khan
Vientiane
Nan
Thabeua
3 days
Sayaboury
Oudomxay
Mekong
3h
(2 to 3 days)
Na Mu
Boten
Mengla
Nam Bak
Luang Namtha
Pakbeng
1 1/2h
Nam Tha
2～3days
Paktha
1 1/2h
Muang Sinh
Jin Hong (China)
Mekong
Ban Huayxay
©NTA of Lao PDR

ルアンナムターを基点とした船の旅 水路図
The Boat Landing
N
Ban Sop Dute
Ban Nalan
Ban Nam Goi
Ban Sop Sim
Ban Haad Daht
Nam Ha River
Nam Ha National Biodiversity Conservation Area
Namtha River
Muang Nalè
Houei Sai
Ban Môt
Muang Pak Tha
Mekong River
Pak Beng & Luang Prabang
©NTA of Lao PDR

白や紫色のケシの花が咲いたあとの果実に傷をつけると、乳白色の液が出てくる。これを集めて乾燥させたものが阿片になる。

阿片

１月に北ラオスを旅すると、花を咲かせたケシ畑がバスの窓から見えることがある。畑はきまって川筋の平地にあって、白や紫色の花が、コスモスのように長い茎の上で揺れながら一面に広がっている。阿片はこの花が咲いたあとの青い実の部分に筋を付け、滲み出てきた乳白色の液を固めたものだ。

黄金の三角地帯といえば、ラオス、タイ、ミャンマーの３国が接した一帯で、阿片の生産地として世界的に悪名高い。しかし阿片は18世紀になるまで、東南アジアに広まってはいなかったそうだ。これが大量に広まった原因をつくったのは、植民地インドに拠点を置いていたイギリスの東インド会社である。

東インド会社は18世紀から中国の茶の買い付けを一手に独占し、イギリスに輸入していたが、茶の代価として支払っていた銀の不足が生じてくると、インドで阿片の生産を開始した。そしてこの阿片を中国に持ち込むと、阿片商人と銀で取り引きし、それが茶の買い付けに回された。

国内に阿片中毒者が広がるのを防ごうとした中国清朝と、阿片の輸入を強引に認めさせようとしたイギリスとの間で戦争が勃発した。阿片戦争である。この戦争に勝ったイギリスは、清朝に不当な南京条約を結ばせて香港を手に入れた。

中国国内に広まった阿片の吸引は、東南アジアにも広まって、やがては黄金の三角地帯で広く生産されることになる。ラオス政府が外国人旅行者に警告したパンフレットがある。「ラオスでは、阿片は老人が薬として使うもの。誤解のないように」

その通りだと思う。阿片といっても、少数民族のあいだではそれがすぐ麻薬に結びつくわけではない。この土地に阿片が広まってから２世紀近く経過している。長い時間をかけて暮らしの中に取り入れられてきた阿片は、薬品としての役割もあることを否定できないのだ。もともと阿片は鎮痛、鎮静、鎮咳、下痢止めなどに有効な、薬として知られていた植物だった。

３カ月ぶりに訪れた村では、女性たちがケシの実に筋を刻む作業をしていた。畑は村から30分以上も歩いた川のそばの平地に作られていた。興味深げに他人が見ていても、彼女たちの態度は普通の農作業をしているように屈託がなかった。むしろ後ろめたさを感じているのは、麻薬の栽培として見ている自分の方だった。

白い花が咲き乱れるケシ畑。１月の北ラオスを旅すると、こうした光景に出くわすことがある。

バーンナムルーはランテンとラオトゥンが共存している村だ。ランテンは土間の家に住み、ラオトゥンは高床の家に住む。

漢字の村

ルアンナムターの街から南へ12km、小川のほとりに少数民族の村バーンナムルーがある。土間の家と高床の家が混在して建っているが、土間の家にはランテンが、高床の家にはラオトゥン（山腹に住むラオスの先住民の総称）が住むという。ランテンの土間の家はひとつ屋根の下に数家族が独立した部屋を持ち、内部の広い土間を作業場として共有するロングハウスだ。

村の中を歩いていると、１軒の戸口に「入門平安、入門平福」と漢字が書いてあった。写真を撮っていると、ドアが少し開いて女性が顔をのぞかせた。ランテンの女性特有の眉毛を剃り落としてある顔に不信な表情が浮かんでいた。戸口の漢字を指差して、なんて読むのかジェスチャーでたずねると、無言でドアを閉じてしまった。

たまたま通りかかった老人が教えてくれた。「入門平安」は「ニエモン　ベンアン」、「入門平福」は「ニエモン　ベンブク」だという。ほとんど日本語と同じ読み方に驚いた。戸口の横には「万万歳」と書いてあるが、これは「バンバントゥエイ」だった。

ランテンの家の扉に「入門平安」と書いてある。一目見ただけで、なぜこれが書かれてあるのか日本人ならすぐ理解できる。ラオスの山奥に日本人と共通する文化があった。

ランテンの家は数所帯が同じ屋根の下で暮らすロングハウスだ。右手に見える竹の扉の中が各世帯の個室になっていて、土間が共通の作業場になる。

「山」とノートに書いてみると、老人は「サン」と読んだ。「ミズ」は「スイ」、「土」は「ト」、「男」は「ナン」、「人」は「ニン」だという。どれも日本人と共通する読み方だ。日本人が会話で大和言葉を話し、中国から入ってきた言葉を音読みとして使っているのと同じことを、ランテンの人たちもやっているのだ。

老人は古い書き物を見せてくれた。占いの本らしい。稲を植えるとき、家を建てるとき、と漢字で見出しがついている。いまでも村人はこの古い書き物の指示に従って行動しているらしい。

村の学校では1975年まで、ランテン語の読み書きを教えていたそうだ。中年以上の人がある程度漢字を読めるのはそのせいらしい。1975年は社会主義国家「ラオス人民民主共和国」が発足した年である。この年を期に、ランテンという伝統的な民族名は「ラオフエイ」という別な名前で国から呼ばれることになるが、同時に書き言葉もこの時から失うことになったのだ。

ボーテンの国境ゲート。中国からやって来てこのゲートを潜るとラオスになる。外にはルアンナムター行きのバスが客待ちしている。

ボーテン・国境を越えて中国へ

ルアンナムターからボーテンまでは、バスと乗り合いトラックが出ている。料金は１万キープ。イミグレ（出入国管理事務所）の手続きは簡単で、荷物検査もない。オフィサーの態度も気持ちがいい。ただし中国のビザがなければ出国はできない。

　イミグレの脇から客待ちしている乗り合いトラックに乗り、中国側のイミグレまで３分。料金は1000キープ。中国側も入国手続きは簡単だ。入国カードの記入欄も、内容はラオスの場合と変わらない。イミグレの前にいる屋台の果物売りがドルから元に両替してくれるが、念のためボーテンでいくらかの元を両替して持っていたほうがいい。

　中国側の国境の町磨憨《モーハン》には、外貨を両替してくれる銀行はない。イミグレの前の大通りを、国境とは反対に300mほど歩いていくと、バス乗り場がある。６人乗りの軽自動車のバンだと、勐腊《モンラー》まで２時間ほどで着く。料金は15元。

雲南から北ラオスへ

建水郊外にある双龍橋

目次▼雲南から北ラオスへ

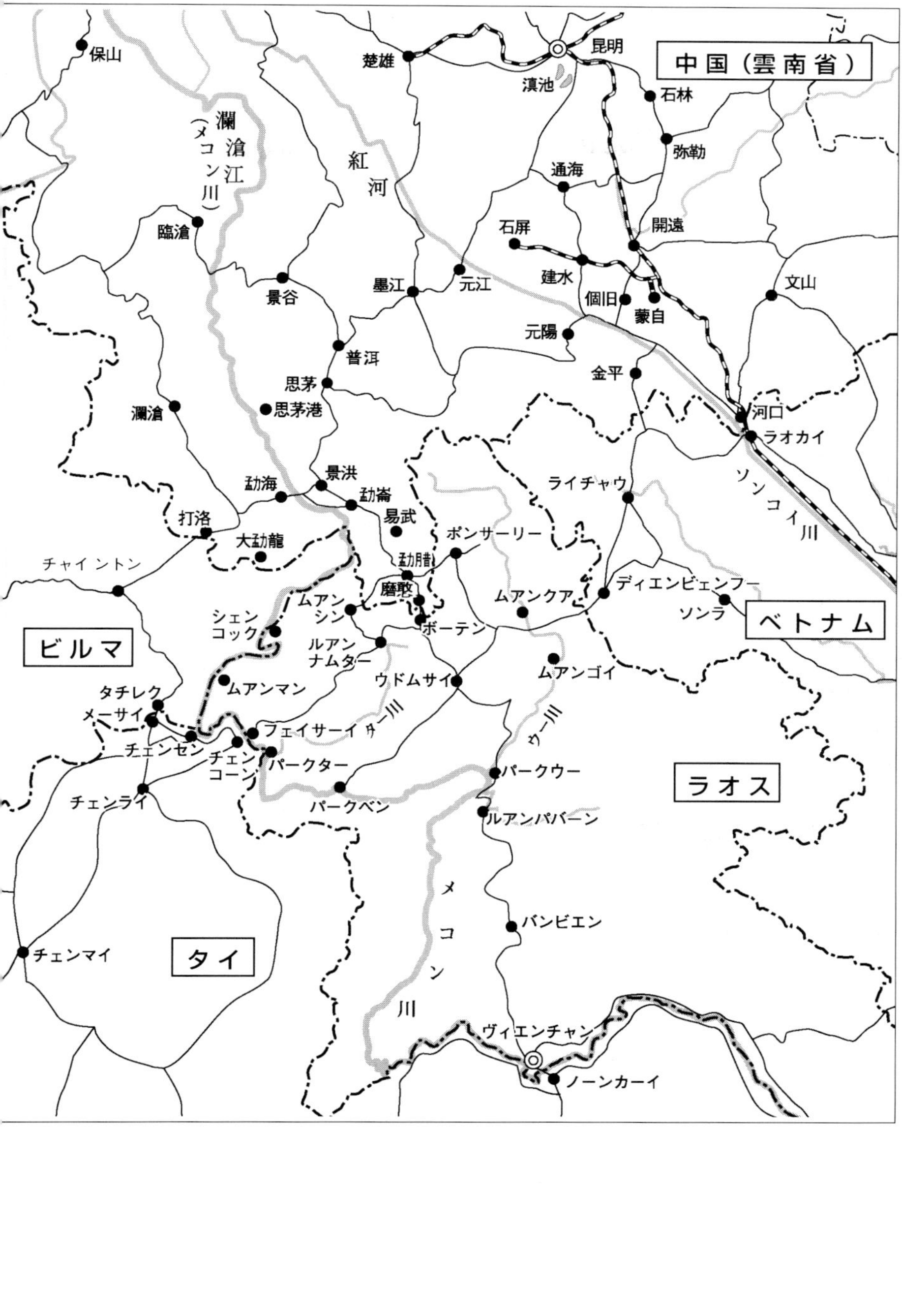

中国（雲南省）
ベトナム
ラオス
ビルマ
タイ
保山
楚雄
昆明
滇池
石林
弥勒
瀾滄江（メコン川）
紅河
通海
開遠
石屏
建水
個旧
蒙自
文山
臨滄
景谷
墨江
元江
元陽
普洱
金平
思茅
思茅港
瀾滄
河口
ラオカイ
ソンコイ川
景洪
勐海
勐崙
易武
打洛
大勐龍
ライチャウ
ポンサーリー
勐腊
磨憨
ボーテン
チャイントン
ムアンシン
シェンコック
ルアンナムター
ムアンクア
ディエンビエンフー
ソンラ
ムアンゴイ
ウドムサイ
ムアンマン
タチレク
メーサイ
フェイサーイ
ター川
ウー川
チェンセン
チェンコーン
パークター
パークウー
チェンライ
パークベン
ルアンパバーン
メコン川
バンビエン
チェンマイ
ヴィエンチャン
ノーンカーイ

昆明《クンミン》

昆明市内の市場

昆明（クンミン）

初めて昆明を訪れると、ここが本当に北京から二〇〇〇キロ以上も離れた中国最西南端の町かと驚かされるだろう。

林立する近代的デザインの高層ビル、縦横に巡る四車線の幅広い道路。南国の光に満ちた歩道には、世界とリアルタイムなオシャレな若者たちがいる。

地図で見る限り、昆明はインドシナ半島の奥地であり中国の僻地なのだが、そんな思い込みとは大違いな大都会だ。

昆明の面積は、世田谷区と杉並区を合わせたほどの広さになるが、幹線道路も細い道もアメーバのように複雑に走っていて、迷いやすく、旅行者には全体像がつかみにくい。しかし区画整理が行き届いていない分だけ、街には歴史の記憶や、人々の営みの臭いが染み付いている。

特にそれが色濃く残るのは、雲南省博物館そばの「順城街」だ。この一画には、文化財に指定された四〇〇年前の木造モスク（回教寺院）や、昆明ではもう他にないと思えるほど古い街並みが残っている。

三〇〇棟はあるだろうと地元の人が言う順城街の民家群は、老朽化が激しく、住む人もほとんどいなくなってしまったが、あえてこの建物を利用して、二〇軒近い「清真菜館（ムスリムレストラン）」が軒を並べている。

トリや牛やカモの肉。大小の淡水魚。様々な野菜と香菜。これら新鮮な素材が清真料理に調理され、庶民的値段で提供される。どの料理もふんだんに唐辛子を使っていて、この辛さが漢族たちにも人気があるようだ。毎晩大勢の客が押しかけてくる。

この順城街には、かつて一万人以上の回族（中国人ムスリムのこと）が暮らしていたという。モンゴルが中国を征服して元朝を興したとき、世祖フビライ・ハーンは、雲南の首都を大理から昆明に移し、回族の役人に雲南の統治を命じた。役人が一族関係者を引き連れて赴任したのは七〇〇年も前だが、この末裔が順城街の回族たちなのだ。

レストランに挟まれるようにして、通りには礼拝に必要な白い帽子やコーランを売る店や、アッラーを称える看板を掲げたパン屋やケーキ屋、そしてシシケバブ（串焼き肉）売りの屋台があったりして、ここに来ると、なにか中央アジアの街に入ったような気になってくる。

雲南省を地図で見ると、四足の動物が前足を持ち上げているように見える。後ろ足にはラオスとミャンマーが、前足にはベトナムが、頭部には四川省と貴州省が、尻尾にはチベ

広い四車線の道、緑濃い並木、外側には自転車専用路も設けてある東風東路。高層ビルが林立する昆明は、気候が穏やかなことから春城とも呼ばれ、700年前から雲南の首都となっていた。

順城街に建ち並ぶムスリムレストラン。少数民族だけが強調される雲南省だが、イスラーム教徒も昔から各地で独自の文化を築いてきた。順城街の古い木造モスク(清真寺)は一見の価値がある。

ツトがそれぞれ接している。

この複雑な立地によって、雲南省には中国国内五六民族のうち、半数近い二六もの民族が昔から暮らしてきたのだが、ここに回族が加わり、さらに漢族も入植してきて、首都昆明はいっそう民族の坩堝《るつぼ》と化した。

回族が昆明に移住してきた当時、フビライ・ハーンに仕えていたヴェネチア人マルコ・ポーロが昆明を訪れ、「大勢の商人や職人でにぎわう都」と記している。

もともと民族の坩堝なのだから、どんな土地からどんな人たちがやって来ようと、気にすることなく受け入れたのだろう。このボーダーレスな気風は、いまも昆明の特徴になっているようだ。

正义路西側にある花鳥市場の茶房は、持参した鳥籠を天井に吊り下げ、鳥の鳴き声を競い合う人たちでにぎわっている。花鳥市場には多種多様な動植物が売られ、昔の市の面影がまだいまもある。

元の時代に建てられた大規模な禅寺・円通寺。僧房で暮らす僧侶のための料理が、昼だけは参拝者にも提供される。大きな丼飯の上に5品の精進料理が載って6元。

昆明の南に広がる巨大な断層陥没湖・滇池。この湖岸の西山森林公園に、観光地「龍門」がある。断崖絶壁に建つ門には金色の龍の眼が付いていて、これに触れると幸運に恵まれるという。

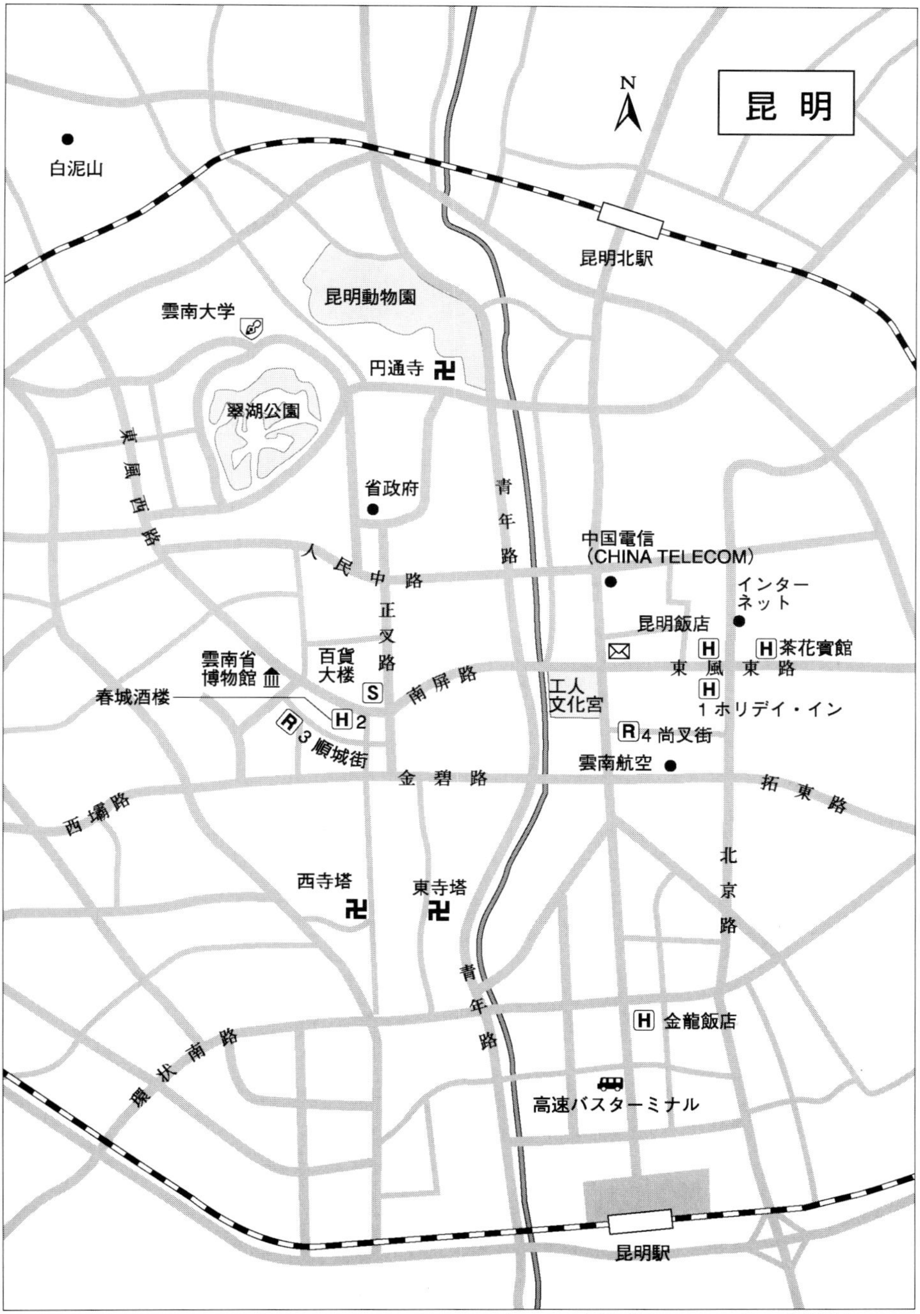

H1ホリデイ・イン(日本エアシステムが入っている)　H2春城酒桜　TB134元　R3順城街(ムスリム食堂街)　R4尚义街(タイ族料理もある食堂街)

高速バス　昆明高速汽車客運駅　北京路60（☎ 3554502、3544574）

昆明――開遠	10:00	14:15	18:40	3.5時間(432km)	52元
昆明――個旧	8:30	15:00	15:45	5時間(294km)	61元
昆明――蒙自	15:15			5時間(280km)	62元
昆明――景洪	16:00	18:30		16時間(710km)	150元
昆明――河口	9:45			11時間(480km)	95元

鉄道　国際列車

列車番号	(5933)(5124)		(5121)(5934)
	発着時間		発着時間
昆明北	16:00	河内(ハノイ)	23:00
宣　良	18:09	老街(ラオカイ)	8:10
	18:19		10:20
開　遠	0:00	河口	10:30
	0:15		14:20
河　口	8:15	開遠	22:39
	9:30		22:55
老街(ラオカイ)	9:40	宣良	4:47
	11:20		5:03
河内(ハノイ)	21:00	昆明北	7:25

＊ハノイ発時刻は中国時間。＊毎週金・日曜に昆明北駅とハノイ駅から出ている。

鉄道　昆河線昆明北駅発

行き先	列車番号	発車時刻	距離(km)	料金(元)	
蒙　自	8951	7:30	309	17	開遠着16:20 蒙自着19:15
狗街子	8965	15:10	84	5	
河　口	5933	16:00	468	28	
開　遠	5931	22:45	248	16	開遠着7:10

飛行機　国内線・雲南航空

昆明――景洪(毎日)　7:15から19:10まで20便
景洪――昆明(毎日)　9:40から22:25まで16便
昆明――思茅――昆明　月18:50-19:30/20:10-21:50 水17:50-18:30/19:10-19:50
木18:20-9:00/19:40-20:20 金16:30-17:10/17:50-18:30
土12:45-13:20/14:00-14:40 日18:05-18:45/19:20-20:00

飛行機　国際線

◉日本エアシステム(2001年10月27日までのダイヤ)
関西空港――昆明――関西空港　水9:40-13:25/15:00-20:10 日9:40-13:25/14:40-19:50

◉雲南航空
昆明――バンコク――昆明　水・木・土8:15-9:15/10:13-3:15 15:30-16:30/17:30-20:30

◉中国航空
昆明――バンコク――昆明　水・木・金8:15-9:15/10:15-13:15 水・土10:20-12:30/13:30-17:40
月・火・土15:30-16:30/17:30-20:30　日17:00-18:00/19:00-22:00

◉タイ航空(2001年10月25日までのダイヤ)
バンコク――昆明――バンコク　毎日10:50-14:05/15:20-16:30

◉エンジェル航空(タイ)
バンコク――昆明――バンコク　月・木・金7:00-10:00/11:00-12:00　日7:00-11:00/12:00-14:00
チェンライ――昆明――チェンライ　月・火・木・土8:50-11:00/12:00-14:10

◉ラオス航空(2001年10月28日までのダイヤ)
ヴィエンチャン――昆明――ヴィエンチャン　日7:30-10:45/11:30-12:45

石林観光の中心は大石林区。展望台「望峰亭」に上ると全体が見渡せる。石柱の間を迷路のように探査路が巡っていて、生物のいない惑星を探検をしているような、不思議な気分になる。

石林（シーリン）

中国を代表する国際的観光地。高さ数十メートルの柱状石が、あたかも樹林のようにそえび立っていることから命名された。海底から地上に隆起した石灰岩を、高温多湿なモンスーン気候が二億年間にわたって侵食した結果できあがったものだ。

石林の中心は大石林区と呼ばれ、探索路のついた自然公園になっている（入場料五五元）。昆明から南東に八四キロ、駅前からマイクロバスが出ている（運賃は往復約二〇元）。

开远＝開遠（カイユァン）

南雲南の旅の中継地として、开远は便利な位置にあるが、特に見るものはない。町を南北に貫く二本のメインストリート（市西路・人民路）、それを横に結ぶ二本の道（東鳳路・霊泉西路）。この四本の道に囲まれた約三〇〇メートル四方が、市場や食堂、屋

开远の町が活気に乏しく疲れ果てた感じがするのはなぜだろう。歩き回ってもほとんど刺激してくるものがない。再開発された霊泉西路の先に、砂漠のような不毛の山が見える。

台が建ち並ぶ町の中心だ。

霊泉西路は再開発された新しい道路。五階建てのマンション風ビルが建ち並ぶ明るい通りには、ハンバーガーやフレンチフライをメニューにのせたファストフードの店や、インターネット屋もある。この道と対照的なのが東鳳路。ここは昔ながらの庶民の食堂街といった感じだ。大衆的な値段で料理を提供する小さな店が軒を連ねている。

【昆明―开远アクセスメモ】

昆明駅前の高速バスターミナルから、安全、清潔、豪華が売りの韓国製デラックスバスに乗る。車内は禁煙。テレビ画面には外国映画や流行歌のVCDが上映されていた。

石林との分かれ道で小休止した以外、开远まで走り続けた。大きな橋を渡り、白い煙を上げている工場が道の両側に出てくると、間もなく开远の町外れにあるバスターミナルに到着。所要時間は三時間半。

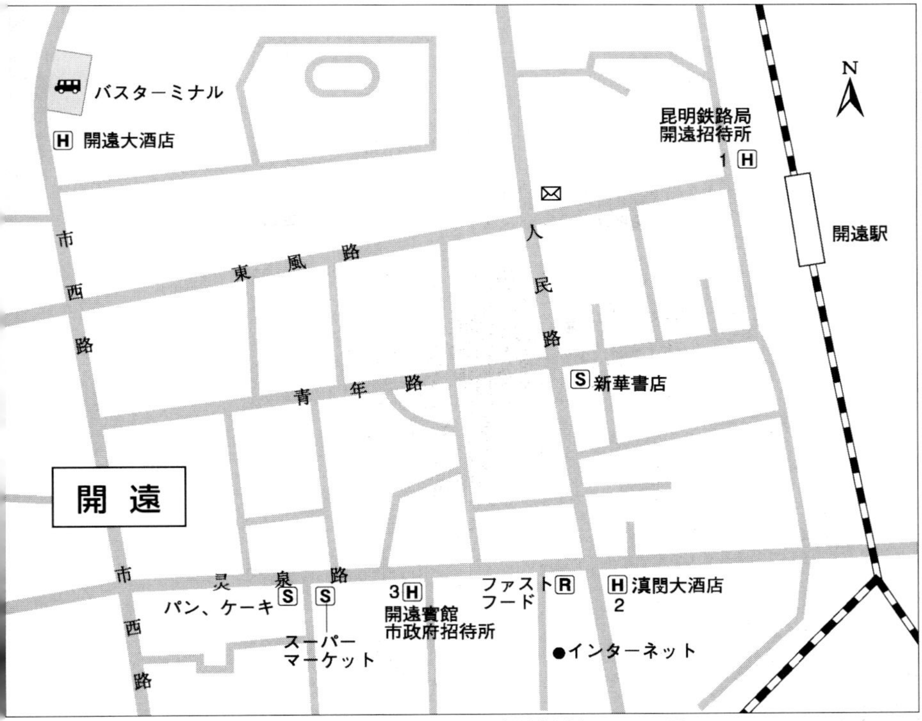

H1昆鉄開遠招待所　TB80元(st)180元(dx)　　H2真岡大酒店　TB100元
H3開遠寶館　SB140元　TB120元

高速バス　開遠汽車客運駅
開遠———河口　昆明発9：45—開遠着2：00の河口行き高速バスに途中乗車する。
＊バスターミナル2階に高速バス利用客専用の待合室がある。

鉄道　昆河鉄道開遠駅

行き先	発車時刻	到着時刻
河口	0：15	8：15（急行）
蒙自	16：20	19：15（普通）
石屏	7：10	13：15（普通）

河口駅の女性鉄道員

XÃ HỘI CHỦ NGHĨA VIỆT NAM!

朝８時、国境の橋のゲートが開くと、ベトナム側から数百人もの女性たちが河口にやって来る。
目的は買い出しだ。毎日大量の工業製品と生鮮野菜がベトナムに運ばれていく。

河口（フーコウ）

开远から高速バスに乗り、河口に着いたのは夜の八時過ぎだった。バスターミナル周辺でホテルを三軒見て回り、とりあえず今晩だけの宿を決めた。いつもなら夜の街を偵察しに出かけるのだが、過激なバスの長旅でそんな気力は失っていた。ホテルのレストランで食事をし、部屋に戻ってそのまま熟睡した。

遠くから軍隊らしいラッパの音がして、時計を見ると朝の六時半だった。外は薄暗く、道路には人の気配もない。それは当然だ。対岸のベトナムではまだ五時半、人々がいまやっと起きだそうとしている時刻なのだ。河口（というより雲南省）の人たちは、周辺国（ベトナム、ラオス、カンボジア）より一時間早い、北京時間に従っているのだ。しかし二二〇〇キロも離れた北京時間に合わせるのは当然無理がある。街に車の音がして人の往来が始まりだしたのは、やっと七時半になってからだった。

二〇〇一年一月八日に開通したベトナムとの国境の橋「新中越橋」を見に行った。川幅約二〇〇メートルの南渓河に架かるクリーム色の重厚な吊り橋で、橋のたもとには「河口口岸朕検中心（Hekou Entry and Exit Inspection Center P.R.C)」と表示した真新しいビルも建っている。

ビルの前では、八時になると国境警察官による国旗掲揚の儀式がある。ラッパの音とともに国旗がするするとポールに揚がると、これを合図に橋の入り口をふさいでいたバリケードが解かれ、出入国の手続きが開始される。ベトナム側でも同時に開門するが、時刻は河口より一時間前の七時になる。

望遠レンズで橋の向こうを覗いていると、自転車の荷台に大きな籠を付けた女性たちが、大挙してこちらに向かってくる。いかにも重そうに自転車を押す人もいれば、天秤棒に籠をぶら下げて軽快な足取りでやって来る人もいる。全員ノンと呼ぶ三角の編み笠を被り、あとからあとから湧き出てくるように続いていた。

河口は、紅河と支流の南渓河が直角に交わった土地にある小さな街だ。二〇分も歩けば様子はだいたいわかる。

三本の並行する道路（人民路、商貿街、濱河路）が街の中心で、人民路には地元に密着した店や青空市場があり、あとの二本の道路には、衣類、寝具、機械、工具、薬、電化製品、酒、菓子などを売る店が建ち並んでいて、これらはベトナム人相手に商売しているようだ。

そして、まるで熱海の温泉旅館街といった密集度合いで、街の規模には不釣り合いな高級ホテルがたくさ

夜になると、人民路の北側路地は食堂街となって活気づく。隣の路地は朝夕に青空市場となり、肉や野菜や果物が大量に露台に並ぶ。

んある。中国人にベトナム観光を勧める旅行社も何軒かあって、この街は中国人観光客と買い出しのベトナム人のための街らしい。

濱河路に面した集合ビルでは、ベトナム人たちがベトナム製の土産物や雑貨を売っていた。包丁やナイフ、水牛の骨で作ったクシ、皮製のベルトや財布、ゴム草履、漆塗りの小物入れ、切手、コインなど、どう見てもあまりぱっとしない品物が並んでいる。

このビルの奥や二階にはベトナム人の若い女性たちが働くカラオケ・バーや美容院があり、夜遅くまでピンク色の照明を灯して営業している。ここで景気よく飲んで騒いでいるのは、観光客風の中国人男性グループで、こうした国境の街ならではの遊びを楽しむ目的でやって来ている連中が、高級ホテルを利用しているようだ。

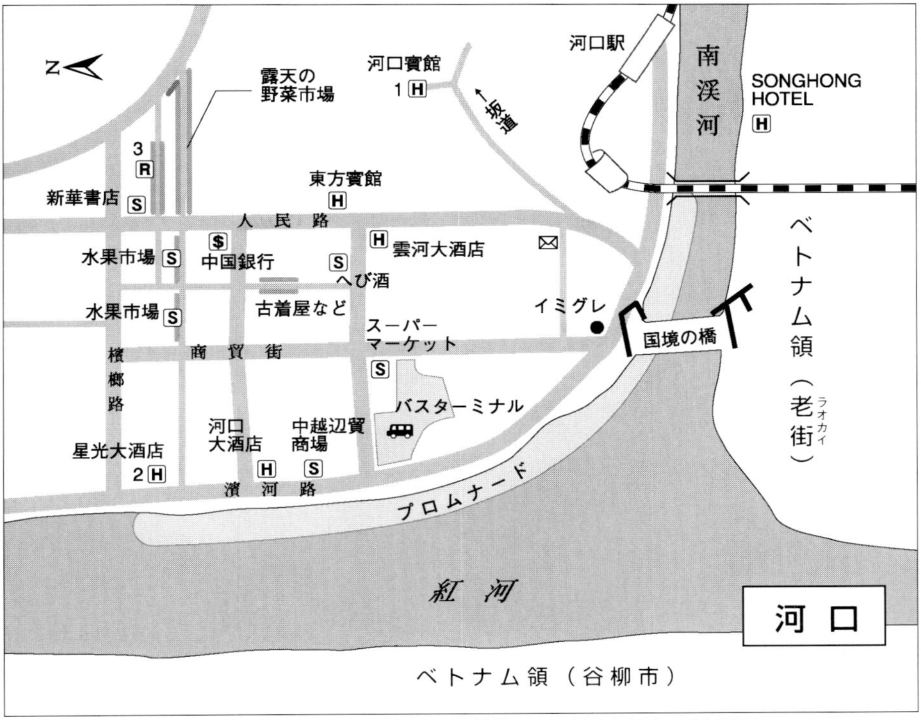

H1河口賓館　TB160元　丘の上でレストランも併設。　H2星光大酒店　TB152元
R3夜は屋台もでる食堂街になる。

バス

昆明	8:45	480km	95元	高速バス・11時間
	12:30	〃	〃	〃
	20:00	〃	75元	寝台バス・11時間
	20:20	〃	〃	〃
蒙自	8:00	193km	21元	16:00まで1時間間隔
開遠	6:00	225km	26元	この他10:50までに3本
個旧	6:20	180km	19元	この他 9:30までに3本
建水	7:20	279km	29元	

鉄道
列車番号と発車時刻及び途中駅の到着時刻

	河口	草壩	開遠	昆明北
(8976)	7:37	15:46	17:11	(終着開遠)
(5934)	14:20	21:31	22:39	7:25

料金
開遠まで　1等109元（寝台は＋93元）　2等73元　（寝台は＋66元）
昆明北まで1等192元（寝台は＋146元）2等128元（寝台は＋106元）

南雲南・鉄道の旅

昆明から快速バスに乗り、开远(開遠)経由で、河口へやってきた。ここから先は、思茅《シーマオ》・景洪《ジンホン》方面に向かう幹線道路がないので、どうしてもまた开远付近まで引き返さなければならない。そこで昆明と河口を結んでいる鉄道「昆河線(総距離四六七キロメートルの単線)」を利用して、草坝《ツアオポ》(草壩)駅まで行くことにした。

この昆河線は河口から先も国境を越えてベトナムのハノイまで伸びていて、昆明から週二便、ハノイまで直行する「中越国際列車」も運行されている(ハノイ側からも週二便ある)。

中国では、言葉が話せなくても切符を買うのは簡単だ。河口駅の待合室には時刻表が掲示されている。これを見ながら「列車番号5934、発車時刻14:20、乗車日1月19日、河口→草坝、1个人、卧车(寝台車のこと)」と紙に書き、無言で発券窓口の女性職員に差し出すと、漢字の書体が中国人と違うので日本人だと理解したのだろう、彼女もこの紙に「全程185公里、客票13元+硬卧票39元=52元」と書いてくれた。ひとことも言葉を交わさずに、乗車券と寝台券を手に入れた。

河口駅発一四時二〇分、草坝駅到着二一時三一分。到着時間からすれば、あえて寝台車にする必要もないが、たった一八五キロの距離を七時間もかけて走るのだから(時速約二六キロというおそろしくのろいスピードだ)、できるだけ快適に列車の旅を楽しもうと考えたのだ。

列車は河口駅を離れると、緑色した南渓川に沿って走った。バナナやパイナップルの畑をいくつも通りすぎる。最初の停車駅「山腰」には一〇分で着いた。乗降客は一人もなく、数分で発車すると、寝台車担当の乗務員が熱いお湯の入った魔法瓶を持ってきた。さすがお茶の国、中国。いつでも好きなときにお茶が飲めるようにというサービスだ。

寝台車両は日本と同じように、上下二段の寝台が互いに向き合う四人形式になっている。外国人ということで特別扱いされたのか、同席者のいない寝台になった。そこでさっそく今回の旅で愛用している、昆明で手に入れた小ぶりの急須(紫砂焼きと銘打っていた)と湯呑み、それにこれも昆明で買った雲南緑茶の名品「墨江・雲針茶」の葉を取り出し、こだわりの雲南旅行を演出した。

列車はカーブに差し掛かるたびに「プープー」とくぐもった音色の警笛を鳴らす。驚いたことに、大きなカーブの手前には必ず黄色いベストを着た見張りの鉄道員がいて、「この先線路異常なし」と緑の旗を振っていた。人間だけでなく家畜も線路に入

南渓河を挟んだ河口の対岸は、ベトナムの国境の町老街(ラオカイ)。国際列車はこの鉄橋を渡って、昆明と河内(ハノイ)間を約30時間で結んでいる。

り込むからだろう。

今朝の朝市で買ったもち米の竹筒蒸し(ラオスではカオラムという)をつまみ、ゆっくり流れ去っていく風景に目をやりながら、熱いお茶をすすっていると、鉄道警察官がパスポートを確認しにやってきた。

四つ目の停車駅「大樹」では、サトウキビ売りの女性がたくさんいた。みんな膝丈のスカートに脚半を付けたピンクやオレンジ色の民族衣装を着ている。二メートルもあるサトウキビの束を抱えて窓下から乗客に声をかけていた。時計を見ると四時二分、発車してから二時間になる。

川と平行に走っていたはずの列車は、いつのまにか山の中腹を横切っていた。何度もトンネルをくぐるたびに線路の標高はあがり、深い渓谷の風景に変わっていく。谷底まで四、五〇〇メートルはありそうな斜面の下の方に、道路が白い筋になって見

えている。昆明と河口を結んでいる国道だろうか。車窓の風景は雄大で、ときには荒々しく、いくら見ていても飽きることはない。
五時を過ぎたころから斜めの光線が風景に濃い陰影を刻み、しかも左側の風景にとてつもなく深い谷が現れてきて、窓から目が離せなくなってしまった。谷の向こう側は一気に一〇〇〇メートルくらいまで高度を上げている急斜面になっていて、そこには見事な段々畑が築かれていた。これがまさしく「耕して天にのぼる」と形容される雲南の段々畑なのだ。
列車は今までにも増してのろのろと走り、さらに標高をあげていた。平均時速が二六キロなのだから、いまならきっと時速二〇キロにもなっていないだろう。遠くの山の上に浮かぶ雲が、ほとんど目と同じ高さになってきた。
六時半近くに、夕飯を食べに食堂車へ行った。四人分の椅子を並べた四角いテーブルが、左右に三卓ずつ窓に寄せて並べてあり、真ん中が通路になっている。
運よく一つだけテーブルが空いていて、座ることができた。テーブルにメニューはなく、大理ビールの小さな広告だけが、赤い花を生けた花瓶に立て掛けてあった。まわりを見回すと、全員が同じものを食べている。どうやら定食になっているようだ。ウェイターがやって来たのでビールを注文すると、それ以上何も聞かずに去っていった。
運ばれてきた定食は、なかなか凝ったものだった。四〇センチほどの長方形の金属の皿が三つに仕切られていて、ここにたっぷりのおかずとご飯が盛られていた。左端には卵スープを入れた丸い金属の椀も載っている。
おかずは六品、豚肉とセロリ炒め、トマト入り炒り卵、ニラと豚肉の唐辛子炒め、中国ソーセージ、塩漬けの卵、それに甘辛い味の豚肉とジャガイモ。
この食事は列車が走り始めてからすべて車内で作ったものだ。料理に使っている油が少ない、辛すぎない、ニンニクを使いすぎていない、塩辛くないこの定食の味が、今回の旅の中で一番うまいものになった。定食代金は一五元。
食堂車から寝台車に戻る頃には、もうほとんど外は暗くなっていた。下車駅の草垻駅まであと二時間半だ。寝台車両に戻ってみると、ほかの乗客はみんな布団を被って横になっていた。
しばらくすると「飯はいかが?」と、食堂車のウェイターがトレーに丼飯を載せて売りにきた。飯にはさっき食べた定食のおかずが載っていた。
寝台に横になってうとうとしてい

昆河線の河口寄りは険しい山岳を走る。いくつものトンネルを潜り、大きく蛇行を繰り返しながら、列車は標高を上げていく。深い谷、急峻な山。車窓の風景は迫力がある。

食堂車のメニューは１種類だが、出来立ての料理を味わえる。食堂車の車両半分が調理用の大きな石炭ストーブと釜で占められていて、ここで米が炊かれ、おかずも調理される。

ていると、つい眠り込んでしまったが、乗務員に起こされた。河口駅で列車に乗り込んだとき、乗務員が乗車券と引き換えに座席番号が彫ってある小さなアルミ板をくれたのだが、これをまた乗車券と交換にやってきたのだった。「あと五分で着きますからね、そろそろ準備してくださいよ」と身振りで伝えてくれた。

【草坝―蒙自アクセスメモ】

草坝駅から少し離れた三つ角で、三輪タクシーが客待ちしていた。筆談で、近くに招待所があることはわかったが、外国人が泊まれるかどうかははっきりしなかったので、蒙自《モンツー》まで三〇元で行ってもらうことにした。

人気のない真っ暗な山道を三〇分近くも走り続けた。本当に大丈夫なのかと、このときだけは一人で旅する不安を感じていた。

蒙自《モンツー》

セイロで蒸された小龍包

蒙自駅裏手の交差点にバスターミナルがあり、この付近が一番交通量が多く、雑然とした活気に満ちている。

蒙自（モンツー）

草坝駅で列車を降り、三輪タクシーで蒙自に着いたときにはもう夜の一一時近かった。泊まるホテルの当てはなかったが、繁華街のなかに建つ「小天鵝賓館」という古いホテルの前でおろしてくれた。部屋は少しかび臭かったが、温水も出るし、ともかくこれで今晩のベッドは確保できた。

ホテルの前の食料品店が開いていたのでペットボトルの飲み水を買い、少し夜の街を歩いてみた。繁華街といっても明るいのはホテル周辺だけで、その先はなんだかよくわからない暗い街並みが続いている。

寒そうに背を丸め、背広のズボンのポケットに手を突っ込んだ若者たちが大勢ぶらついていた。南雲南といっても、一月の夜は手がかじかむほど寒い。

男が二人、細い路地の入り口に立

平太街には漢族様式の古い建物が残っている。家の間の細い路地を入って行くと、王鳳閣という400年前の崩れかけたお堂が建っていた。

ち、白い息を吐きながら若者たちに声を掛けていた。男の背後の壁に黒板がぶら下がっていて、『姉妹妖舞』『熟女熟夜』などと赤と黄色と青のチョークで煽情的に書いてある。路地の奥ではいかがわしいビデオが上映されているようだった。

翌朝、食事をしに外へ出た。蒙自は雲南名物「過橋米線」の発祥の地になる。この過橋米線というのは、麺とスープと具が別々に出てくるスープ麺で、食べる寸前に熱々のスープの中に麺と具を入れる。

その昔、科挙(役人の登用試験)の勉強に励む夫のために、勉強の区切りのいいときにいつでも温かく食べられるようにと妻が考案したもの、これが架橋米線のいわれになっている。南雲南の人たちは好んでこの米の粉で作った腰のない白い緬を朝食に食べるが、歯ごたえのない米線は何度食べてもうまいとは思えない。

踏切のそばに、間口一間ほどの小《シャオ》龍《ロン》包《パオ》屋があった。店頭に置かれたセイロから白い湯気が立ちのぼっていてうまそうだった。奥のテーブルでは父親が箸で摘んだ小龍包を、四歳くらいの男の子の口に運んでいた。店の片隅で白衣を着た店の親父が具を皮に包んで仕込みをしていたが、セイロを指差すと、うなずいて仕込みの手を止めた。

一口で口に入る大きさの小龍包は、歯で噛んだ瞬間こくのある肉汁が口の中に溢れてきて、皮につけた醤油と唐辛子に混じり合い、うまさが増した。一〇個で二元。昼もまた来たくなる味だった。

ちょうど小龍包屋店の前がバスターミナルになっていたので、次の目的地になる建水《ジェンシュイ》行きの時刻を調べた。バスはだいたい一時間に一本あり、二時間ほどで着くことがわかった。

地元の人たちのように、踏切からそのまま線路を歩いて蒙自駅に行ってみた。駅舎は高い位置にいっぱい窓があって、明るく清潔だった。時刻表を見ると、一二時三〇分の列車が建水へ行く。所要時間は三時間三〇分。バスにくらべて時間はかかるが、その分乗客も少ないだろうし、ゆったりと気分のいい旅ができるはずだ。硬座(二等)の切符なら、乗車する直前に買えばいい。バスはやめ、列車で行くことにした。

まだ時間があるので、街をもう少し歩いてみた。適当に歩いていると、土壁に瓦屋根の古い民家の建ち並ぶ石畳の路地があった。写真を撮っていると、興味深げに見ていた老人が、この家は一〇〇年以上たっていると筆談で教えてくれた。通りの名前は「平太街」という。

路地から奥まったところに、恐ろしく古ぼけた大きなお堂が建っていた。屋根瓦がぐすぐすにずれてしまっていて、まるで芥川竜之介の羅生門のようだ。「省宝」だというこのお堂は、修復工事が始められていた。

ホテルをチェックアウトし、三輪タクシーで駅に向かった。駅前の屋台で焼き芋とミカンを手に入れ、切符を買ってホームに出てみると、発車まで二〇分もあるというのに列車は超満員だった。春節(中国の旧正月)まであと五日ということで、普段とは違う混み具合なのかもしれないが、これではとても乗る気がしない。

ひょっとしたら、バスも混んでいるのでは…。ホームから線路に降り、急いでバスターミナルに向かった。

ちょうど建水行きのバスが発車するところだったが、席は空いていた。ターミナルの中も混んでいる様子はなかった。建水までのバス代は一三元、列車は半分以下の六元。こんなに料金の差があるから、列車が混むのかもしれない。

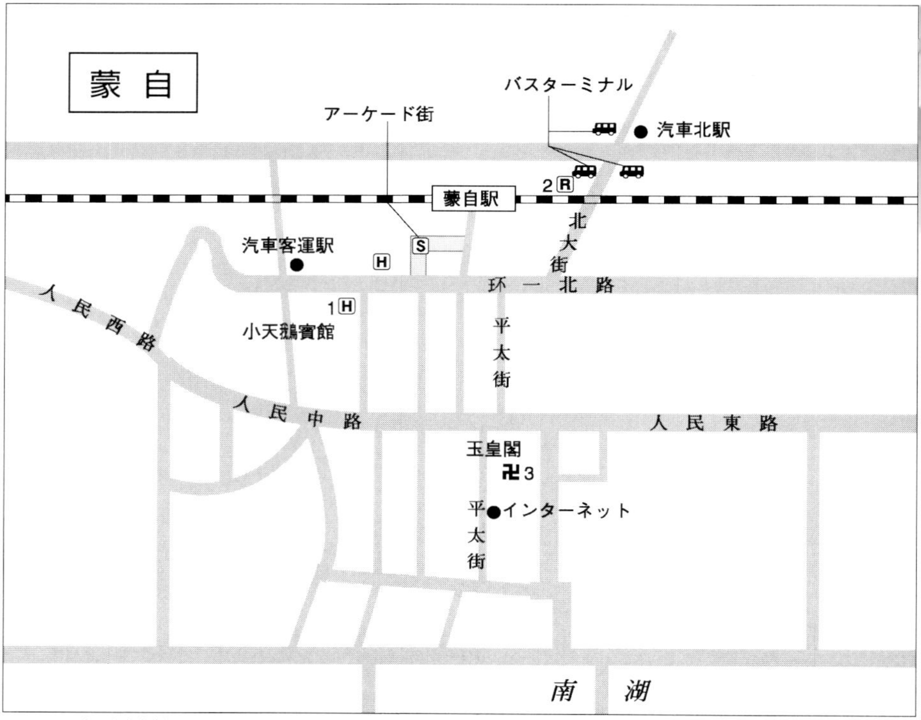

H1小天鵝賓館　TB88元　　R2小龍包屋　　卍3王皇閣(省の重要文化財)

列車　宝蒙線蒙自駅					
列車番号	蒙自	開遠	小龍潭		
(8954)	15:30	17:44	18:31（終着）		
	蒙自	建水	石屏	宝秀	
(8955)	12:30	16:17	18:20	18:50（終着）	
(8952)	7:00	昆明行き			
(8953)	20:00	〃			

バス　蒙自汽車北駅（バス乗り場は交差点向かい角）

昆明　7:10〜23:30まで約20本
個旧　8:50〜16:00まで6本
建水　6:50〜16:10まで6本　(2時間10分)
河口　10:40　1本のみ

个旧は雲南の代表的な工業都市だ。中心街には高層ビルが建ち並び、世界でも有数の錫の生産地として繁栄している。

个旧＝個旧（ゲジュウ）

个旧は昆明から三二〇キロ離れた紅河哈尼《ハニ》族彝《イ》族自治州の州都で、雲南最大の工業都市。街の背後の山側に長い煙突が五、六本そびえ立ち、灰色の煙を吐き出している。国内の錫の九〇％がここで生産されている。

人口は三六万人、南雲南では最も大きな規模の都市になる。町には五〜一〇階建ての四角い集合住宅や高層ビルがぎっしり建ち並んでいるが、生活臭の希薄な印象がする。

日本円から元への両替をこの町の中国銀行ではやってくれるが、开远や蒙自や建水ではできない。

【建水—个旧アクセスメモ】

マイクロバスが頻繁に両市を結んでいる。途中に燕子洞があり、カルスト台地の荒涼とした風景が続く。道の両側は草木のない赤土の起伏が幾重にも折り重なり、斜面には石灰岩の白い塊が点々としている。

建水《ジェンシュイ》

文廟の本殿に祀られている孔子像

陰暦の正月春節は一週間も公官庁が休みになり、建水では盛大に年越しと新年の行事が行なわれる。激しい爆竹の音で年が明けると、元旦には龍を踊らせて街中練り歩く。

建水（ジェンシュェイ）

南雲南の大きな町は、急激に様子を変えている。事前に読んだ本のイメージで訪れてみても、まるで違っていてがっかりさせられることも少なくない。

町から古いものを一掃して、近代的都会に脱皮を図ろうとしているのだが、建水だけは違っている。脱皮が他より遅れたために、むしろそれを逆手にとって、古いものを積極的に残そうとしているようだ。

地元の観光パンフレットが「国家級歴史と文化の街」と謳っているが、ごく普通の泥壁に瓦屋根をのせただけの古い民家が残っていることだけでも、旅行者の目には新鮮に映る。歴史的価値のある文化財も多く、南南雲南には珍しく趣のある街だ。

建水の人たちが誇る文化遺産は二つある。その一つが朝陽楼。街の中

建水の繁華街は建中路。流行の服や化粧品が店先に並び、食堂や屋台は夜遅くまで人々でにぎわっている。

心に小山のようにそびえるこの楼門は建水が臨安城と呼ばれていた明代（一四世紀～一七世紀）の南側の城門で、「北京の天安門より古い」と観光パンフレットは自慢げに書いている。
もう一つは街の西にある文廟。一二五八年（元代）に建てられた孔子廟だが、明や清代にも増築されて、面積は七・五ヘクタール。ここまで巨大な孔子廟は、全国でも珍しいという。朱塗りの先師殿（本殿）には、中国の皇帝を象徴する龍の浮き彫りがあざやかに散りばめられている。
観光地図にはまだほかにも古いお寺や建物がいっぱい載っていて、もし建水が日本にあったなら、「小京都」と形容されるに違いない。
しかしこの落ち着いた雰囲気の街が、春節を迎える大晦日の夜だけは、完全に狂気の街となる。午前零時を迎えた瞬間、街じゅうが激しい戦闘状態になるのだ。
ひゅんひゅん音を発した火の玉が砲火のように街の夜空を飛び交い、バリバリバリと炸裂する音が、まるで機関銃の連射のように深夜の街に響き渡る。前年の悪鬼悪霊を追い払うため、花火を打ち上げ、爆竹を鳴らすのだが、このときの火薬の量がもの凄い。延々三〇分以上も、激しい市街戦状態が続く。
大晦日の特別番組を放送していた建水テレビ局の画面が、突然白く乱れて中断した。まもなく回復したが、画面には「緊急通告・テレビ局前の電柱が火災、番組中断」とテロップが流れた。
これほど激しい大晦日の悪鬼悪霊払いはほかの街ではもう禁止されていて見られないらしい。建水には国家に管理されない昔のままの風習が、古い建造物とともに残されている。
朝陽楼に上ると、建水の街が一望できる。ここには漢族様式の茶房もあって、テラスのテーブルに座ってゆったりと街を見下ろしながら、中国全土のお茶を楽しむこともできる。
眼下には雲南の明るい陽光に光り輝く黒い瓦屋根の古い街並みが広がり、じっと見ているとシルクロードの街が連想されてくる。
それは街並みの向こうに連なる低い山が、ほとんど草木の生えていない禿山で、砂漠のような茶褐色をしているせいだ。
起伏の緩やかなこの山並みは、カルスト地形の典型的なドリーネ（皿状の広大な窪地）の縁の部分にあたる。そのため斜面には、山口県の秋吉台のように、石灰岩の白い塊が残雪のようにごろごろ露出している。
日本では想像もできない巨大なカルスト地形の奇観にも驚かされるが、このドリーネの地底には五キロに渡る鍾乳洞が発達していて、これが建水の最大の観光名所になっている。

700年間、増築され続けてきた文廟は、中心街の面積の１割近くを占めるほど広大だ。孔子像を祀る本殿は、龍の彫り物で飾られている。

鎮
雄
节快乐

建水のランドマークとなっている朝陽楼は、北京の天安門より古い時代に築かれた城門。南雲南で建水ほど古い時代の漢族文化を残している町はほかにない。

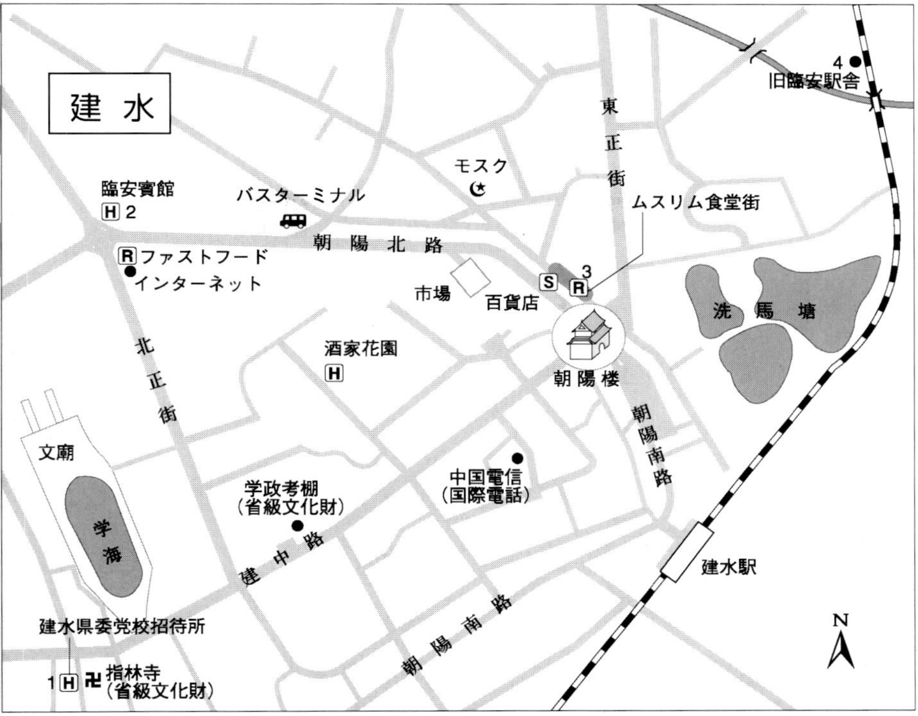

H1建水党校招待所　TB50〜180元　　H2臨安酒店　TB130〜170元(朝食込み)
R3ムスリム食堂街　　4 旧臨安駅(フレンチチャイニーズ様式の文化財)

バス

行き先				
昆明	7:00〜22:00	12本	20km	
個旧	7:10〜17:00	16本	82km	30〜40元
開遠	7:50〜16:00	13本	89km	10〜16元
蒙自	7:30〜17:30	16本	88km	
河口	6:40　8:20	11:00	81km	30〜45元
景洪	7:50　16:00		20km	
通海	14:00　15:00		80km	
石屏	6:30〜17:30	18本	57km	7〜11元

列車 蒙宝線建水駅

列車番号		
5935	昆明北 → 開遠 → 石　屏	(建水着11:46、発12:00)
5936	石　屏 → 開遠 → 昆明北	(建水着17:12、発17:16)
8955	小龍澤 → 開遠 → 蒙　自 → 宝　秀	(建水着16:17、発16:35)
8956	宝　秀 → 蒙自 → 開　遠 → 小龍澤	(建水着10:58、発11:12)

＊乗車券の発売時間は9:30〜12:00と14:30〜17:20

建水の町から6kmの地点にある双龍橋。水を通す丸い穴が17個ついた全長150メートルの石橋。国内で最も優れた石橋といわれている。

燕子洞（イエンズドン）

建水から東へ二八キロ、カルスト地形の地下に発達した延長五キロの大鍾乳洞。洞窟公園の入り口が国道三二三号線の道路脇に整備されている。春から夏にかけて無数のツバメが洞窟内を飛び交い巣を作ることから、燕子洞と呼ばれるが、天井部分の高さは平均五〇メートル（最高点では一五〇メートル）、中には水量豊かな川が流れている。見学できる範囲はごく一部で、ガイドが同行する。命綱をつけずに壁をよじ登り、天井のツバメの巣を捕ってみせる模擬ショーを見学してから奥に進む。奥には食堂や土産物を売る店があり、行きは遊歩道を四〇分ほど歩き、帰りはボートに乗って戻ってくる。

【アクセス】
建水バスターミナルから开远、个旧、蒙自行きバスで五〇分。タクシーは往復で一〇〇元。

燕子洞入り口。船上の人間と比べるとその巨大さがわかるだろう。全長５㎞のその一部に遊歩道がついていて、鍾乳石の垂れ下がる中を歩くことができる。

建水から南の紅河に向かって、真っ直ぐ省道が走っている。その50kmほど下った地点に、ハニ族の黄華坝村がある。ここからの棚田の眺めが素晴らしい。

雲南の棚田

紅河哈尼《ハニ》族彝《イ》族自治州建水県の南端には、巨大な断層に沿って、雲南からハノイまで一直線に流れている紅河（ベトナムではソンコイ川）がある。

　この紅河付近の険しい山岳地帯に、櫛の目のように細かな階段状のたんぼ――棚田が作られている。谷の底から山頂にいたるまで、水をはった棚田の一枚一枚が陽光を反射して白く輝いている様子は、根気の持続は途方もない力になることを物語っている。

　不思議なのは、山頂のたんぼにも水が溜まっていることだ。山頂から水が湧き出ているのか、あるいは何かの方法で水をそこまで汲み上げているのだろうか。

【アクセス】
建水からタクシーで往復一五〇元。省道を約一時間、南に走る。

南雲南の山間部は傾斜がきつい。耕作するには斜面の等高線に沿って階段状に耕地を開拓するしか手はない。何世代もの手を経て、やがて「耕して天に至る」景観が生まれた。

墨江の町の背後の丘に、北回帰線公園がある。丘の上には北緯23度27分の北回帰線を示す白いモニュメントが建てられている。

墨江（メイジアン）

夏至の日の真昼、墨江の街は影を失う。太陽が街の真上を通過するからだ。墨江は北緯二三度二七分、北回帰線の上にある。

赤道を中心にして、北回帰線から南回帰線までが熱帯になる。墨江以南の雲南の土地は年平均気温が二〇度以上という熱帯に属する。

丘の上の北回帰線公園から、墨江の街が一望にできる。四方を山に囲まれた小さな町だが、市街には四、五階建てのビルが密集している。丘の西側の斜面は茶畑になっていて、雲南の名品「墨江雲針茶」が栽培されている。針のような真っ直ぐな葉で、産毛が銀色の光沢を放っているという。

【メモ】北回帰線公園は入園料五元。新設路と十字街周辺にホテルが並んでいる。天渓賓館T一六〇～一三〇元。

思茅《シーマオ》

思茅・普洱間にある茶畑

普洱から峠道を下って行くと、眼下に思茅の町が見えてくる。思茅を盆地状に取り巻くまわりの山々は、ほとんどが茶とコーヒーを栽培する段々畑になっている。

思茅（シーマオ）

思茅地区の総面積は九州よりも広い。人口の六一％を少数民族が占め、ハニ、イ、タイ、ラフ、ワ、プイ、ヤオなどが暮らしている。

思茅地区の東南部はラオス、ベトナムと、西南部はミャンマーと国境を接していて、雲南省の中でも昔から東南アジアとの交易が盛んな土地だった。特にメコン川と紅河の水運が重要な幹線となっていて、現在も思茅港からラオスやタイに向けて、リンゴなどの果物が運ばれている。

また数百年前には、南方のシルクロードになる「茶葉道」が、山岳地帯の茶園の間に張り巡らされ、チベットまで続いていた。

思茅市は山で囲まれているため、どこからやって来るにしても山道を走り、峠を越えることになる。その斜面には茶園やコーヒー園の緑が広

振興路は、ホテルや銀行、商店などが軒を連ねる思茅の中心。この通りの東側になる通商路には、食堂や茶房がたくさん建ち並んでいる。

がっていて、観光スポットにもなっている。

　昆明から南下する旅を続けて思茅市に入ると、気候がより一層暖かくなっていることに気付く。街にはタイ料理屋も見られるようになって、そろそろタイ族文化圏――西双版納《シーサンパンナー》が近づいてきたのだと実感させられる。ここから一六〇キロさらに南下すると西双版納の中心地景洪《ジンホン》に着く。

【墨江→思茅アクセスメモ】

墨江のバスターミナルから一八人乗りのマイクロバス(座席指定)で思茅に向かう。市街を抜け国道二一三号線を走る。三〇分も走ると荒れた舗装の山道になる。登りの斜面には大きな段々畑や、竹、松の林が続く。普洱《プアル》哈尼族自治県に入ると、川沿いに道が続く。両側は雲南のイメージ通りの深い森。出発して五時間後に普洱着。さらに山を下って一時間で思茅に到着。運賃五五元。

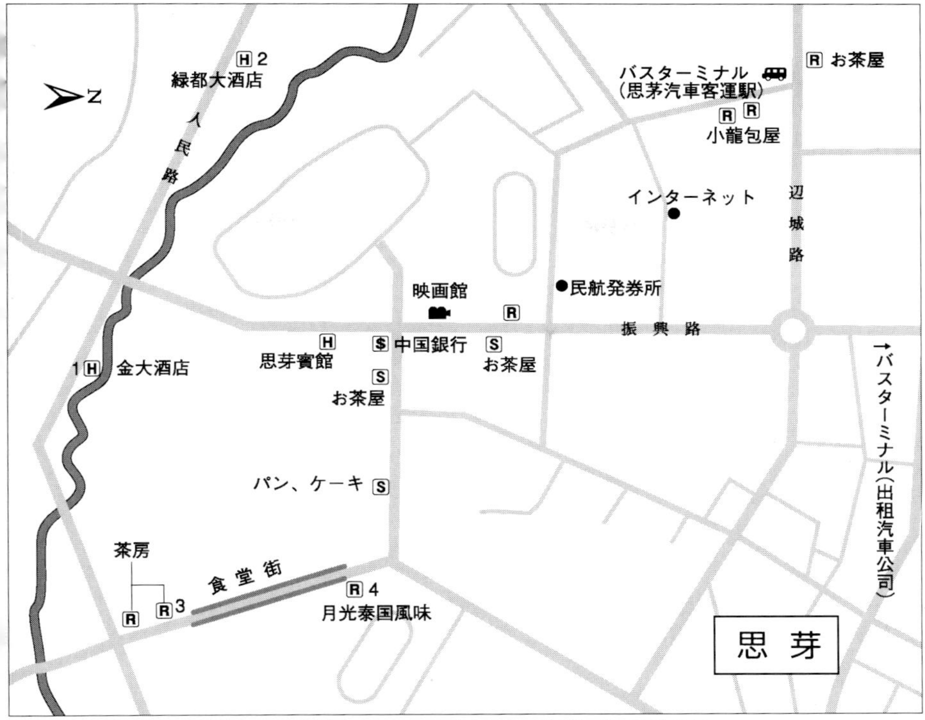

H1金鳳大酒店　TB120～488(朝食込み)　　H2緑都大酒店　TB328～588(朝食込み)
R3金秋茶屋(各地のお茶を注文できる茶房)　　R4月光泰国風味(タイ族料理)　＊中国銀行で両替可

バス　出租汽車公司

普洱	7:30～22:10	20分間隔	51km	16.5元	
景洪	6:40～18:00	1時間間隔	166km	41.5元	
勐腊	6:30　6:40		286km		
昆明	9:40 13:30 15:30		522km		
	17:30～21:30	1時間間隔			大型寝台車
瀾滄	8:30 9:00 12:30 1:30 2:30 3:00		178km		
思茅港	8:30 14:00		93km		

バス　思茅汽車客運駅

昆明	9:00～15:00	1時間間隔	570km	14時間	大型寝台車
開遠	10:00 (中型) 14:00 (大型)				
河口	13:00	1時間間隔			中型寝台車
墨江	7:10 8:30 11:40		217km		
瀾滄	6:30～14:30		178km		
景洪	7:30～18:00	17本	166km		中型寝台車
勐腊	7:10 8:30 11:40		286km		
思茅港	12:00		93km		

飛行機
昆明———思茅　火曜日を除く毎日　40分　390元

思茅港には、国際港として必要な入国審査や税関の機能を整えた真新しいビルが建てられていて、メコン川を利用して訪れる外国人の受け入れ体制がすでに整っている。

思茅港（シーマオガン）

思茅から港に向かう途中の道路沿いに、大きな茶畑やコーヒー畑がある。山道を下り終えると褐色のメコン川が見え、まもなく港に着く。思茅港に停泊している一五〇トン級の貨物船はタイのチェンセンまで往復している。

【アクセス】
思茅—思茅港（九三キロ。タクシーで一時間半）。バスは本数が少ない。思茅港では帰りのタクシーはひろえない。

普洱（プアル）

プアル茶といえば、烏龍茶とならぶ中国茶の代表として日本人にもよく知られている。緑茶にコウジカビを繁殖させた特殊なお茶だ。

コウジカビによる醱酵が茶葉に「馥郁たる香りと、こくと、後味の甘

普洱はお茶の名前として日本人にもよく知られているが、昔は雲南茶の集荷地として役所が置かれ繁栄していた。

味」を与える。すでに唐の時代の記録にこうした特長をもつ雲南茶が記されていて、後年普洱がこのお茶の集散地となったことから、プアル茶と名付けられた。

香港発行の『尋找茶馬古道』という本には、プアル茶の民間伝説が記されている。普洱へ周辺の産地から茶葉を運ぶには、馬の背に乗せて熱帯雨林の中を抜けてくる。このとき湿潤な空気が偶然茶を醗酵させて、濃厚な香りを生みだした。やがて人々はこの味を好むようになり、醗酵茶の製法が誕生したのだという。

明の時代以後、普洱には茶葉を管理する国の役所が置かれ、茶葉取引きの中心地としてにぎわっていた。以来お茶は今日まで国の統制品だが、集散地としての普洱の役割は終わっている。町を訪ねてみても、昔の街並みがすっかりコンクリートの建物に変わっていて、当時の面影を探す

プアル茶は茶葉の銘柄ではない。茶の葉を固め、コウジカビで醱酵させたものをいう。形も様々で方形、穴のあいたドーナッツ形、ピザのように円いもの、円錐形などがある。

薄緑色の茶の新芽は、噛むとほんのり甘く茶の香りがする。普洱から思茅に向かう峠道の両側に、イ族の経営する茶葉畑が広がっている。

普洱の市場で売られている緑茶。一般に雲南では、緑茶は急須を使わず直接コップに葉を入れて熱い湯を注ぐ。飲んで、なくなれば、何度でも湯を注ぐ。

ことは難しい。
町の中心にある市場を覗いてみると、緑茶はあったがプアル茶は売られていなかった。新茶だという普洱産の緑茶を手のひらに載る量だけ売ってもらい、ホテルで味わうことにした。
普洱と思茅を結ぶ国道の両側に大きな茶畑が広がっている。茶畑の勾配は見かけ以上にきつく、段々畑になってはいても、上部はほとんど崖のようなものだ。
この茶畑(茶園)はイ族の人たちの経営だった。二人がかりで半日かけてやっと背負い籠がいっぱいになる。ひと籠で七・五キロ、乾燥させると二キロになる。
摘みたての新芽を手渡され、噛んでみなよと勧められた。淡い緑色に艶光する葉っぱは柔らかくて、少し甘味があり、お茶の香りが口の中に広がった。

景洪《ジンホン》

易武の石畳の道

景洪の街並みがメコン川の右岸に広がり、川原ではスイカのビニール栽培が大規模に行なわれている。乾季のメコンの川幅は300mくらいだろうか。

景洪は昆明に次ぐ大きな商業都市。メインストリートの景洪南路には、流行の服を揃えた店、ファストフードの店などが並んでいる。

景洪（ジンホン）

西双版納傣族《シーサンパンナータイ》自治州の中心景洪は、昆明から陸路で七二〇キロ南下した雲南省の南端に位置している。

　北京からだと二五〇〇キロも離れていて（北京—東京間でも二一〇〇キロ）、中国の中心から見ると、遙か雲の南のそのまた辺境の土地になる。

　しかし景洪は今ＡＳＥＡＮ市場参入を目指す中国の表玄関として、急速に大都市へと変貌している。街には蜃気楼のように高層ビルが建ち並び、メコン川には、ラオス・タイ・ミャンマー間を航行する大型貨物船のための港湾施設が整備されている。

　景洪は一年の平均気温が二〇度を越える明るい街だ。再開発された道路が碁盤の目状に走り、緑鮮やかなヤシの街路樹が陽光を照り返し、ハイビスカス、ブーゲンビリアなど熱帯の原色の花が咲き乱れている。

メコン川に架かる西双版納大橋。全長600mの欄干には、漢字とタイ族の文字が書いてある。船が停泊している場所が景洪港。白い大きな建物の中に出入国管理事務所と税関がある。

景洪を州都とする西双版納傣族自治州は、地理的にも文化的にも東南アジアである。

中国共産党主席毛沢東が、中華人民共和国の成立を宣言したのは一九四九年だが、その七年後まで西双版納にはタイ族＝タイルー族の王国が存在していた。タイルーと自称する人たちはミャンマー、北ラオス、北タイのメコン川沿いにおおぜい暮らしていて、いまでも祭りがあると国境を越えて儀式に参加するほど連帯感が強い。「西双版納」という地名も、タイルー語を漢字に音写したものだが、タイ族系の人ならこの意味は理解できる。

西双（シーサン＝シプソン）は一二であり、版（パン）は一〇〇〇、納（ナー）は水田なので、西双版納とは一二の千枚田を意味する。つまり一二の政治単位（勐＝ムオン）が連合したタイルー族の国ということである。

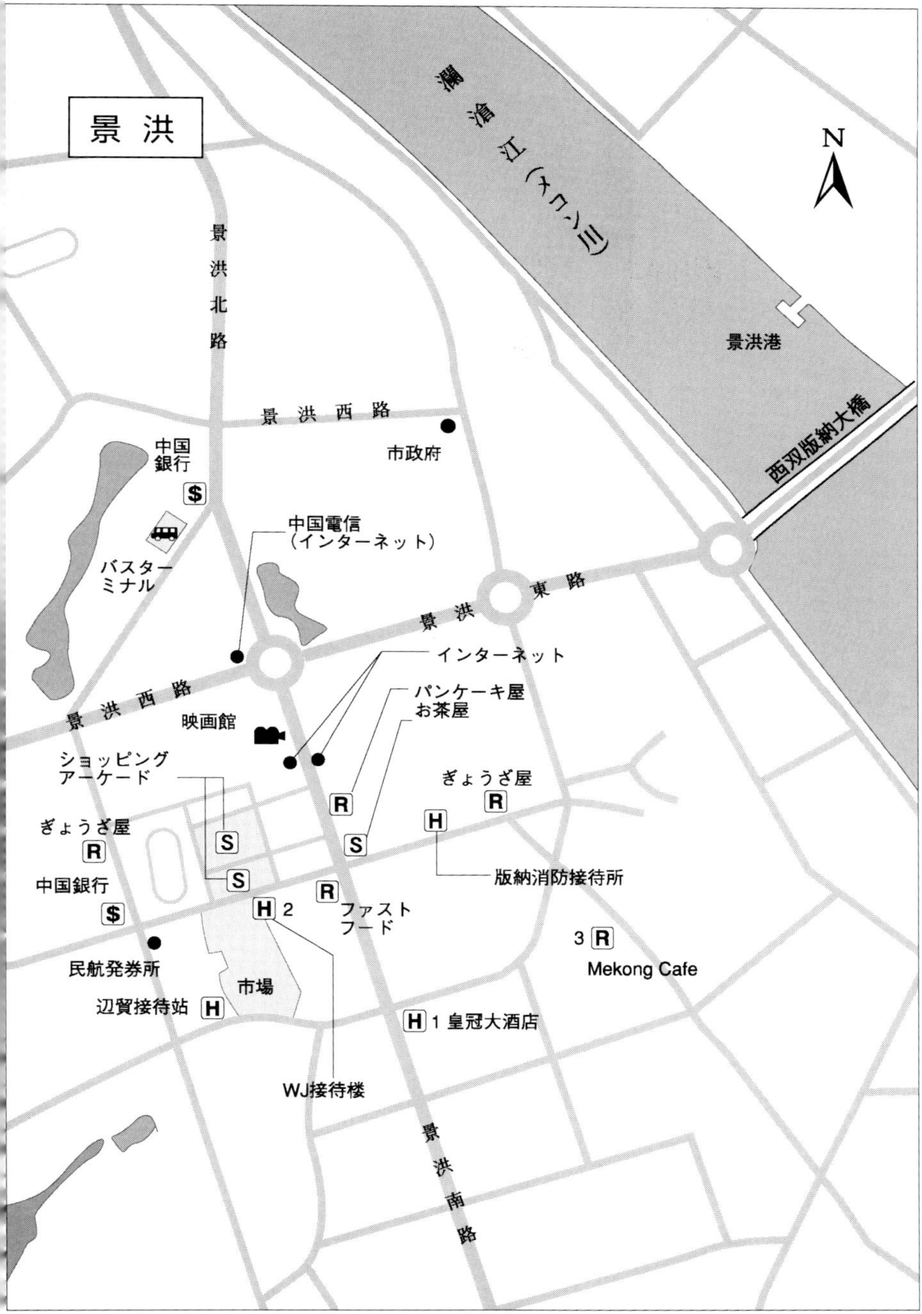

H1皇冠大酒店　TB200元（朝食付き）　H2 WJ接待楼　TB200元
R3 Mekong　Cafe（食事とインターネット）

バス　景洪市版納客運駅

勐腊	6:00～20:00	20分間隔	171km	25元	4.5時間
打洛	7:00～17:30	20分間隔	134km	23元	3時間
勐罕	6:30～19:00	10分間隔	74km		2.5時間
橄欖壩	勐牢行きで途中下車		33km		30分
勐龍	6:30～19:00	10分間隔	64km	13元	2.5時間
勐海	7:00～18:00	20分間隔	53km	9元	1.5時間
昆明	7:00～18:00	1時間間隔	710km		19時間(普通) 14時間(快速)
思茅	6:00～18:00	30分間隔	163km		4時間
河口	7:00		869km		28時間
墨江	18:30		379km		11時間

飛行機・雲南航空
国内線
景洪―――昆明―――大理、景洪―――麗江　毎日数便（「昆明」参照）
国際線
景洪―――バンコク―――景洪　水曜12:00－12:30/13:30－16:00

【思茅―景洪アクセスメモ】
マイクロバスは思茅の街を抜けると舗装された山道を走る。峠を二つ越え、一時間ほどで西双版納傣族自治州に入る。州境には検問所があり、パスポートチェックがある。
　しばらく水田の広がる平野を走るが、また山道を登りだす。急なカーブが多く、山の斜面は茶畑やゴム林に覆われている。
　思茅を出てから二時間半、峠の手前の食堂に停まり小休止。ここから先は景洪まで下りの道が続く。
　全行程四時間半で景洪に着いた。料金は四一・五元。

中心塔を８基の小塔が取り囲んでいる曼飛龍佛塔。「曼」とはタイ族の言葉「バーン（村）」を漢字に音写したもの。

曼飛龍佛塔（マンフェイロンフォター）

景洪市街を抜けると、大勐龍《ダーモンロン》行きのマイクロバスは勐海《モンハイ》方面に向かって真西に走る。

　景洪を出てから一時間半、小さな街の中でバスが停まり、降りろと車掌が合図した。「曼飛龍佛塔」と紙に書いて、伝えておいたからだ。

　通りに面した仏教寺院の脇の坂道を上っていくと、純白のパゴダが丘の上にそびえていた。基壇の手前で一〇元の拝観券を買う。

「一二〇四年建造、八角金剛宝座式群塔、大小九塔、主塔一六・二九メートル、小塔九・一メートル」と説明書きが壁にある。

　少し変わった形をしたパゴダだが驚くほどの規模ではない。中心の大塔は仏教徒の聖山「須弥山《しゅみせん》」を、まわりの小塔は須弥山を取り巻く峰々を表している。「全国重点文物保振単位」に指定されている。

曼飛龍(飛龍村)はタイ族の集落。入母屋(上の屋根が切妻、下の屋根が寄棟)、高床の典型的タイ族様式の家が建ち並んでいる。

国境の鉄条網越しにミャンマーのパゴダが見える。手前のコンクリートの柱には漢字で中国国境と書いてあるが、そこまで行くことはできない。

対岸のミャンマー側国境ゲート。ミャンマーの国境の町はモンラーになる。中国もミャンマーも国境まで外国人旅行者が行くことを認めているのに、なぜか国境越えを許可していない。

打洛（ダールオ）

昆明を起点にした全長八五〇キロの昆洛公路（国道二一三号線）の終点がミャンマーとの国境打洛になる。

打洛のバスターミナルから国境のゲートまでリキシャに乗って三〇分かかる。幅一〇メートルほどの川が国境付近を流れていて、そばに倉庫のように大きな廃屋群が建ち並んでいる。一〇年前までここでミャンマーとの交易が行なわれていたらしい。

昆洛公路は、国境を越えてシャン州東部の中心チャイントンからタイのメーサイ、バンコク、その先もマレー半島を南下してシンガポールにまで続いている。東南アジアを縦断するこの最長ルートが、自由に移動できるようになるのはそう遠いことではないだろう。

【メモ】打洛には原始森林公園、独樹成林やホテル（打洛大酒店）もある。

200年前に茶の交易で栄えた易武の集落は、山奥に隠れ里のように今も存在していた。イ族の人たちが暮らすこの村までは、景洪から半日で訪ねることができる。

易武（イーウ）

茶の原産地と考えられている雲南では、六世紀以前から茶を飲む習慣があったという。この雲南で飲まれていた茶葉を求めて、チベットからキャラバン隊がやって来ていたことはあまり知られていない。

チベットには茶にバターと塩を入れたバター茶という独特なお茶があるが、チベット人がお茶を飲むようになったのは約一三〇〇年前のことだという。チベット王ソンツェンガンボが唐朝の文成公主を娶ったとき、嫁入り道具にお茶が入っていた。これを期にチベット人はお茶を飲むことを覚えたが、お茶はいったん飲みだすと習慣になる。〝一日なにも食べなくてすむが、一日茶なしではいられない〟ほどになったのだという。

しかし海抜四〇〇〇メートルを越すチベット高原での茶の栽培は不可

能だ。そこでチベット人たちは大量の馬を仕立ててキャラバンを組み、雲南に茶葉を求めてやってきた。彼らは茶の産地にやって来るとチベットの馬や毛皮と茶葉を物々交換した。

やがてチベットと雲南の茶の産地とを結ぶ何本ものキャラバンルートが発達し、「茶馬道」と呼ばれるようになった。宋の時代になると茶葉は国家の専売品となり、茶商人が専売税を納めるようになるが、戦争馬に不足していた国家の戦略物資として、茶葉は重要なものだった。

景洪《ジンホン》から南下してラオスの国境へ向かうと、雲南最南端の勐腊《モンラー》県に入る。この県の北部の山奥に易武という村がある。いまはさびれているが、二〇〇年前には雲南でも代表的な茶葉の集荷地で、茶葉を商う商家が一〇〇軒近くもあったという。景洪市内のお茶屋の主人が、行ってみたらいいよと勧めてくれた。

この店の主人とは筆談でしかコミュニケーションするすべはないのだが、すっかり気が合ってしまい、二二年前に製造されたプアル茶を試飲させてもらった。古いものほど価値のあるプアル茶だが、コウジカビ独特の香りを鼻にしながら、口に含んだときの柔らかな苦味と飲んだあとに残る甘味は、さすがビンテージものだと納得させられた。

易武へ行くには、景洪から勐腊行きのバスに乗り、勐仑《モンルン》(崙)で途中下車。ここから軽自動車のバンをチャーターした。全山竹に覆われた山、切り立った岸壁を見せる重量感ある山。雄大な山岳風景と斜面に広がる茶畑を見ながら、海抜一五〇〇メートルの易武まで山道を登り続けた。

二時間かけて着いた易武には、山奥だというのに漢族様式の大きな古い家が建ち並んでいた。泥壁に載った黒い瓦屋根の家が、当時は茶葉を商って財をなした商人たちの豪邸だったのだろう。村のなかには艶々した石畳の道が残っていて、いかにもこの上を茶を求めてやって来たキャラバンが通過して行ったと思わせる雰囲気があった。

たまたま通りかかった夫婦が、家に招き入れてくれた。茶摘みからいま戻ってきたばかりで、青々とした新茶の葉が背負い籠の目からこぼれ落ちそうになっていた。

二〇〇年は経っているという古い家の応接間で、緑茶をご馳走になった。自分の家で飲むお茶は、正月元旦に摘んだ特別なものだという。直接ガラスのコップにお茶の葉を入れ、なみなみと熱い湯を注ぐ。緑茶は新茶よりも一年経ったものが美味いそうだ。去年の正月に摘んだというお茶の葉は、グラスの中で茶色に色付いて浮かんでいた。

集落の中に石畳の道がついている。石はどれも角が取れて丸くなっていて、チベットから大量の馬を引き連れてきたキャラバンの歩いた「茶馬古道」を連想させる。

古い民家は華人様式の大きな家で、土壁や屋根瓦が朽ちてはいるが、当時は豪勢な暮らしを送っていたことが納得できる。

昔のものになるという樹高5mほどもある古茶樹が村の入り口に残っていた。今のものと品種が違うお茶の木だが、雲南には樹齢数百年という古茶樹も存在している。

勐腊《モンラー》

望天樹の空中遊歩道

勐腊の中心になる勐腊街。広い歩道にはヤシの木が植えられ、ホテルや銀行などが建ち並ぶ。この道がラオス国境まで通じている。

勐腊（モンラー）

雲南からラオスへ陸路で入国するには、磨憨《モーハン》で国境を越えることになる。磨憨までは景洪からバスで二〇〇キロ余りの距離があり、途中の勐腊での乗り換えを含めると、八時間は見ておく必要がある。順調にいったとしても、国境を通過するのはゲートの閉まる五時近くになり、運が悪ければ足止めを食うことになる。

磨憨にも宿はあるが、勐腊で一泊して翌朝国境に向かうと、ラオスに入ってからも明るい時間帯に移動できて旅が楽になる。

勐腊は西双版納傣族自治州のなかでは景洪に次ぐ二番目に大きな町になるが、圧倒的に大きい景洪とは比べものにならない。田舎のちょっと大きめの町といった感じの勐腊だが、外人旅行者の姿が多いのは、ラオスから国境を越えてきた場合でも宿泊

地としてほどよい位置にあるからだ。

二年前にも、ラオス側から来て勐腊に泊まったことがある。町に着いたのは夕方で、康復路に面したホテルにチェックインした。フロントの男性は、四〇元のスタンダードルームは満室だからといって、あっさり八〇元のデラックスルームを六〇元にしてくれた。フロントでキーを渡され、ザックを担いで三階の部屋まで階段を上がった。白いしゃれた壁紙が貼られた部屋にはキングサイズのベッドがあり、バスルームには温水の出るバスタブが付いていた。エアコン、カラーテレビ、電話、さらに天井にはシャンデリアもぶら下がっていた。

ちゃんと温水も出るしトイレも流れるが、ひとつだけ引っかかったのは、部屋のガラス窓のロックが壊れていたことだ。下を覗くと隣の屋根伝いに窓へたどり着くことができそうだったが、窓の外側には頑丈な鉄格子がはまり、格子の目は腕が一本入る程度の細かいものだった。

それでも普段だったら部屋を替えてもらっていたはずだが、フロントまでまた階段を下りていくのが億劫で、まあ大丈夫だろうと判断した。カーテンをしめたが、窓際に置いてある椅子とテーブルには危なくて持ち物を置けない。窓からベッドまでは四メートル。シャワーを浴びたあと、一度取り出した荷物をまたすべてザックの中に戻してベッドの脇に立て掛け、晩飯を食べに夜の街に出た。

勐腊路の農業銀行の脇の通りを北に下った川っぷちの食堂は、外国人客が数人いた。英語のガイドブック*Lonely Planet*が紹介しているからだ。しかし料理の味はガイドブックがわざわざ取り上げるほどでもなく、冷えたビールもメニューも置いていなかった。

繁華街はひと回りしてみても二〇分とかからない。ホテルに戻り、貴重品の入ったカメラバッグを枕もとのテーブルに置いて眠りについた。

突然「ガタッ」と鳴った音に気が付いた。上半身を起こして目を凝らすと、カーテンの隙間から黒い棒がベッドのそばまで伸びていて、それが動いている。飛び起きると、棒が床に転がる音がした。急いでカーテンを開けると、闇の中を屋根伝いに逃げていく男の姿があった。

部屋の明かりをつけると、四メートルほどの細い籐の棒が床に転がっていた。先端に釣り針状に曲げた針金がついている。この先でバッグを窓まで引きずってきて中身だけを抜き取ろうとしたようだ。針金は青いビニール紐で巻かれて固定されてあったが、ビニール紐を見た瞬間、思わず笑ってしまった。几帳面にも紐が蝶結びにしてあったのだ。

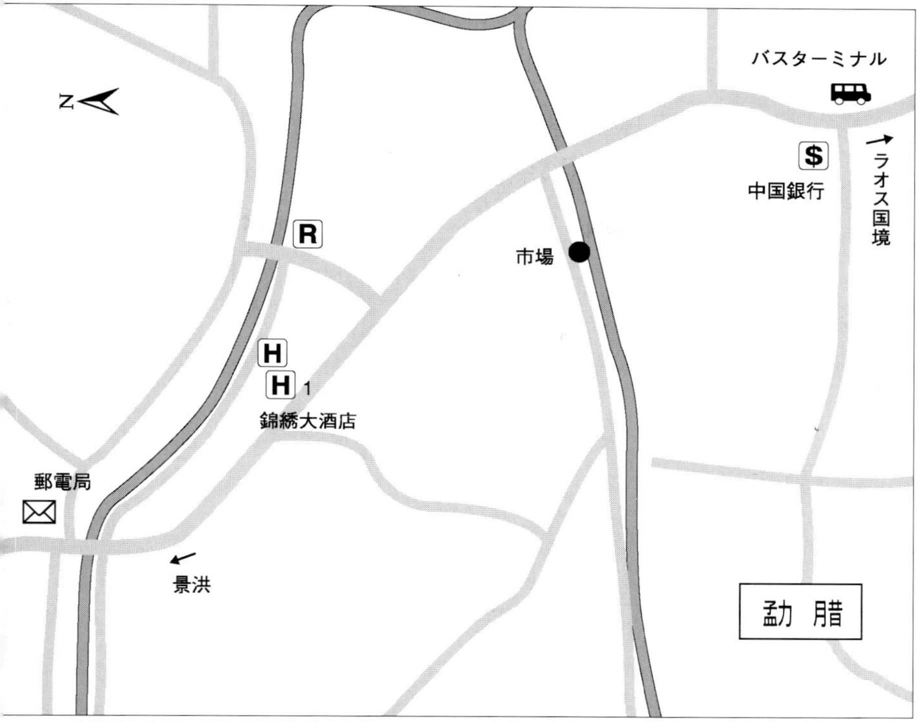

H1錦綉大酒店　TB146元(朝食付き)
＊南バスターミナルからラオス国境へ向かうバスが出る。

翌朝、「盗工作我的房間」と紙に書いてフロントの女性に見せると「ワーイ！」と驚きの声をあげた。

ザックをフロントに預け、ホテルの前から南のバスターミナルまでリキシャに乗った。シートの背に「一公理(km)一元」と書いてある。勐腊最大の観光地、望天樹へ行くため八時三〇分発のバスに乗った。

町を抜けると、すぐ山道に入る。ゴムの木が植林された一〇〇メートルほどの小高い山が続く。勐腊から一時間後、自然保護区の標識が出てきてやっと山が天然の樹木に覆われだすと、まもなく望天樹に到着した。バスを下車したところが切符売り場、二元の入場券を買って熱帯雨林が生い茂る森の中に入る。

入り口に立っている看板には「熱帯雨林の中には洲象、印度野牛、印支虎、鹿、猿、孔雀、白喉、犀鳥、

望天樹の密林にそびえる高木の板根。密林には小川も流れていて、多種多様な動植物が生息している。樹木間を結ぶ吊り橋、空中遊歩道がある。

熊、狸などが生息し、これらの生物資源は貴重な人類遺産として保護しなければならない」と、周辺の山という山をゴム林一色にしておきながら書いてある。

望天樹の目玉は、樹高一五メートルほどの位置に張り巡らした空中遊歩道。普段は目にできない高さからの風景や動植物の生態が観察できるというが、このときは何かの事情で入口が閉じられていた。

森の中の普通の遊歩道を歩いてみた。いかにも熱帯雨林らしい板根(地上に露出した三角の板状の根)を持った樹木の脇を抜け、長いツタを垂らした木の下を潜り、飛び石伝いに小川を渡る。北ラオスの森を見てきた目には驚くものでもないが、空中遊歩道が利用できるなら来てみる価値はありそうだった。ただ問題はバスの本数が少ないこと。帰るときには二時間近くバスを待たされた。

磨憨のゲート。ラオス側からやって来てこのゲートをくぐると中国に入国する。左の建物はイミグレ。バスターミナルまではこの道を10分ほど歩く。

磨憨（モーハン）・国境を越えてラオスへ

勐腊の中心街から三〇〇メートルほど離れた南のバスターミナルから、磨憨行きのバスと軽自動車のバンが出ている。磨憨までバスは二時間かかり、料金は一二元。四人集まると出発する軽自動車は、客が降りるところ以外は停まらないので一時間で着く。料金は一四・五元。

終点の磨憨で車を降りると、イミグレ（出入国管理事務所）まで一〇分ほど歩く。果物を売っている屋台が中国の元をラオスのキープに両替してくれる。

イミグレの横で、ソンテウ（ピックアップトラックのタクシー）が客待ちしていて、中国人とラオス人の運転手が交互に客をラオス側のイミグレまで運んでいる。料金は四〇〇〇〜五〇〇〇キープ。五分で着く。